Albert Vigoleis Thelen

Poetische Märzkälbereien

Gesammelte Prosa

herausgegeben von Werner Jung

JUNI-Verlag

CIP-Titelaufnahme der Deutschen Bibliothek

Thelen, Albert Vigoleis:

Poetische Märzkälbereien: gesammelte Prosa / Albert Vigoleis Thelen. - Mönchengladbach: Juni-Verl., 1990

ISBN 3-926738-15-4

1. Auflage Oktober 1990

JUNI-Verlag
Postfach 611
4050 Mönchengladbach 1
Satz und Druck: Boss Druck und Verlag, Kleve
ISBN 3-926738-15-4
Umschlag unter Verwendung einer
eigens gefertigten Zeichnung
von Martin Lersch

für Beatrice

Inhalt

Albert Vigoleis Thelen

Geboren im Seehundsjahr 1903, den 28. September, zu Süchteln an der Niers, lebt seit 1961 in Blonay ob dem Genfer See als freier Schriftsteller. Empfänger der Reichsnaziopfer-Blutronnenrente, Träger des Fontane-Preises und Abitur h.c. des Gymnasiums der Stadt Viersen, das ihm Ostern 1919 die halbe sittliche Reife einzig unter der Bedingung zuerkannte, nie mehr auf die Schulbank einer höheren Lehranstalt niederzustreichen, bei welch schimpflichem Abgang er in die Hand des Ordinarius einen Eid schwören und darauf als eid-erpresserisches Notgeld eine Reichsmark abführen mußte. Zum Diensteintritt als Einjährig-Freiwilliger gemäß § 89 Abs. 4 der Deutschen Wehrordnung konnte er sowieso nicht mehr kommen, denn in seinem Bett schlief längst schon ein Offizier der belgischen Besatzungsarmee, und der Einjährig-Freiwillige lag, höchst unfreiwillig und mit angezogenen Knien, wieder in seinem eisernen Kinderbett – also Rückständigkeit in jeder Hinsicht; sogar das Zeugnisformular, Vordruck 8 b, stammte noch aus einem königlich-preußischen Vordrucklager.

Er veröffentlichte nur einen Bruchteil dessen, was er geschrieben hat.

Veröffentlichungen:

Pascoaes, Paulus, Der Dichter Gottes, aus dem Portugiesischen, 1938; Pascoaes, Hieronymus, Der Dichter der Freundschaft, aus dem Portugiesischen, 1942; Pascoaes, Das Dunkle Wort, Aphorismen, aus dem Portugiesischen, 1949.

Schloß Pascoaes, Gedichte, 1942; Die Insel des zweiten Gesichts. Aus den angewandten Erinnerungen des Vigoleis, 1953; Vigolotria, Gedichte, 1954; Der Tragelaph, Gedichte, 1955; Der Schwarze Herr Bahßetup, Ein Spiegel. Desgleichen: Angewandte Erinnerungen, 1956; Runenmund, Gedichte, 1963; Glis-Glis, Eine zoognostische Parabel, 1964 (NEUES RHEINLAND, Heft 6).

„Was Herkunft und Umwelt für meine Arbeit bedeuten? Die Umwelt des Schriftstellers ist vor allem die Welt der Sprache, in die er durch seine Geburt hineingerät und die für seine geistige Haltung entscheidend sein kann. Seit nahezu 34 Jahren lebe ich ununterbrochen in Ländern nicht-deutscher Zunge, doch hat sich mein Geist, mit Heine zu sprechen, nie in ihnen exiliert und in eine fremde Sprache verbannt gefühlt. Im Gegenteil, erst im Ausland habe ich mir, das Ohr ständig umtönt von Lauten fremder Sprachen, die eigene wirklich zu eigen gemacht, zum Entsetzen sprachschämiger Verleger: Sie verwerfen mein Deutsch als das des Emigranten, der die Fühlung mit dem Mutterlande verloren habe, darin eines Sinnes mit dem Anführer der ‚Gruppe 47', der mich im Herbst 1953 auf der Tagung in Bebenhausen mit meiner ‚Insel' dermaßen verriß, daß es nicht einmal zu der üblichen Diskussion kam – 'raus mit dem Sprachschänder. Ich habe mich bei den Leuten auch nie mehr blicken lassen, allerdings aus rein politischen Gründen.

Meine Herkunft weist in das kleine Bürgerhaus einer kleinen Stadt, und ich zähle zu einer Generation, deren Väter an den Kaiser glaubten, auf seinen Krieg und seine Kriegsanleihe hereinfielen und die entsprechenden Schnurrbartbinden trugen, die auch während des zeugerischen Dienstes am Vaterlande nicht abgenommen zu werden pflegten. Nicht minder gediegen war die Erziehung, katholisch, und so eng und streng, daß ich, alles eher als ein frühreifes Menschenkind, früh schon die Verlogenheit und vor allem Unmenschlichkeit des abendländischen Christentums erkannte, das denn auch versagte, als mit

Hitlers ‚Machtergreifung‘ Deutschland auf den Schlag zum Verbrecherstaat wurde und das Volk meiner Sprache anfing, eine andere Sprache zu sprechen, die auch heute längst als tote Sprache gilt. – In jener Rubikon-Stunde stellte ich mich bedingungslos gegen mein Vaterland, zur Wahrung der Menschenrechte und der Würde des Menschen.

Auf der schon erwähnten Schulbank zum ‚nationalen Dummkopf‘ gebrandmarkt, wurde ich hellhörig und war wachen Sinnes für die Dummheit einer Nation, die sich von jedem Gauch, ob Kaiser oder Führer, mißbrauchen läßt. Habe ich es den pädagogischen Fehlern meiner Erzieher zu verdanken, daß ich ein ‚guter‘ Deutscher geworden bin?

Der Begriff der Heimat wird nicht dadurch in Frage gestellt, daß etwa wildgewordene Nationalisten und sture Raubritterkreuzträger Menschen jagen und ihnen im Namen der Heimat die Heimat streitig machen – sie machen ihnen auch das Leben streitig, und damit hört alles auf. So bleibe ich, um der Sprache meines verlorenen Landes treu bleiben zu können, der Heimat fern, bis an das Ende meiner Tage.“

Der Hirtenbrief

Eines der vielen Fluchtkapitel aus dem lusitanischen Memorial, Buch I. Die geweiste Flucht

Gerade so tief wie meine Schwermut ist, gerade so listig ist mein Täuschen. *Kierkegaard*

„Wo gehen wir denn hin?" – (fragt Beatrice). „Immer nach Hause", lautet die Antwort auf diese Frage bei *Novalis*

„Es ist dir gesagt, o Mensch, was gut ist und was der Herr von dir fordert: nichts als Recht üben und die Güte lieben und demütig handeln vor deinem Gott."

Diese Worte entnehme ich den Prophezeiungen des sechsten der Kleinen Propheten, Mischa aus Morescheth im Stamme Juda, der sich auflehnte wider die Abgötterei, den Sittenverfall des Reiches, Bestechlichkeit und Ungerechtigkeit, Bedrückung durch die Mächtigen; das Treiben der falschen Wahrsager, gegen jedweden Frevel am Menschen schlechthin, – was all dies im Reiche meiner Väter zum höchsten Gesetz erhoben war unter der Herrschaft des Abgotts, vor dem wir uns auf der Flucht befanden. Denn was er forderte, der neue Baal, dem zahlten wir nicht den Tribut, und wer dieses Hitlers Sache im Spanien Francos vertrat, das war ein hinkender Teufel mit einem Pferdegesicht, einem zum Klump zerschossenen Fuß, und hinter dem Rockaufschlag das Abzeichen seiner Macht: Geheime Staatspolizei. Er versah den Dienst auf der Strecke Irun über Medina del Campo bis an die portugiesische Grenzstation Fuentes de Oñoro, – hin und zurück.

Wir hatten ihn uns zum Feinde gemacht, indem wir uns weigerten, den Abgöttern Hitler und Franco Gruß und

Ehre zu erweisen mit Wort und Arm. Er galt als der gefährlichste Geheimagent auf der genannten Bahnlinie, ausgestattet mit Vollmachten, die einen ins Jenseits befördern konnten. „Es ist gesagt, o Mensch, was der Herr dein Führer von dir fordert." Darf ungestraft weiter reisen, wer ihm widersagt? Na, wir werden es ja erleben. Fahles Licht drang schon durch die Fenster; man sah die Landschaft als weißlichen Nebelstreif, während mein Nachbar wieder zu rülpsen anfing, rhythmisch im Geschütter der Fahrt; ein anderer Reisegefährte wie Bürgers Leonore emporfuhr aus schweren Träumen, und, schlaftapsend noch, sich seiner Brieftasche vergewisserte, die man ihm vermutlich im Traume entwendet hatte, und noch anderes sich zutrug im Abteil, was ich nicht berichten kann, denn nun schob sich die Tür wieder auf, – o Schreck! Der Geheime? Nein, es war ein Schaffner, der uns den Morgengruß bot, ohne dabei den Führerarm zu heben, und dann meldete, man nähere sich Medina del Campo, wo alle Passagiere der zweiten Klasse umsteigen müßten in den expressen Zug, der über Pampilhosa direkt nach Lissabon weiterfahre. Erste Klasse wie auch die Schlafwagen würden umgekoppelt.

Das saß! „Beatrice du hast es gehört: Erste Klasse und Schlafwagen! Die haben es gut, die können sitzen bleiben, sich ausschlafen, während die Armut erneut sich in Bewegung setzen muß, ja mehr noch: Armut, Not und Kreuz halten überhaupt die Welt am Laufen, und an ihr halten sich die Büttel schadlos, denn ich wette, es ist der Klumpfüßige, der diese Verfügung getroffen hat, da man ja ebenso gut auch unseren Wagen an den Lusitania-Expreß hätte anhängen können. Das sind die Ausblüher der Gewalt; um sich in den Besitz eines besonders begehrten Kunstwerkes zu setzen, hat Göring Dutzende Menschen hinrichten lassen, und um den Preis von ein paar Handschuhen, du erinnerst dich, wurde auf Mallorca eine ganze Familie in einen Brunnen geworfen und lebendig verschüttet. Puh! zweite Klasse!"

Beatrice, nein, sie erinnerte sich nicht mehr an den Vorfall, oder sie wollte jetzt von all dem nichts wissen. Sie mochte recht haben, anderes gab es zu bedenken, die eigene Eile zum Beispiel, und eben das Leitmotiv seit Tagen: wir waren selber auf der Flucht.

Ein kleinwüchsiger, sehr elegant gekleideter Herr, von dunkler Gesichtsfarbe, es war ein Portugiese, den ich schon im Wagengang beobachtet hatte, wo er ein Fräulein mit gierigen Blicken fixierte und sich vorerst einmal ihres Koffers bemächtigte, dieser Mann schien sich hier sehr gut auszukennen, denn er sagte, auf Spanisch, man müsse sich sputen, der „Lusitania" könne uns vor der Nase davonfahren, an Fahrplanzeiten halte der sich nämlich nicht. Er selber sei zwar erster Klasse, aber - aber wegen eines Mädchens hatte er sich in die zweite Klasse begeben, und hatte nun auch, mit uns und dem netten Kinde, das Nachsehen.

Der Zug war zum Stehen gekommen, der vergaffte Portugiese stolperte die Trittstufen hinunter auf den Schotter, drehte sich dann blitzschnell um und fing das Mädchen auf, das selbigen Augenblicks die Seine wurde. Der Koffer lag im Dreck.

Ein Deutscher, der nur eine Aktentasche bei sich trug, war uns behilflich, unsere Siebensachen zusammen zu raffen, machte sich dann aber eiligst davon, der Warnung des lusitanischen Eroberers eingedenk. Selbst schienen wir es indes nicht allzu eilig zu haben, was wohl mit den schwierigen Geländeverhältnissen zusammenhing. Dazu das schwere Gepäck, man mußte eine ziemlich große Strecke über den geschotterten Bahnkörper, über Schienen und aufgeschütteten Steinschlag zurücklegen, um an den teuren Expreß zu gelangen.

Die Maschine war nun schon unter Schürdruck, mit siedendem Dampf, der zischend entwich, was wohl ein Glück war, denn gestauter Dampf ist gefährlich, keinem Ventil ist mehr zu trauen, und hier staute sich außer dem

Dampf noch manches andere. Ich kenne mich da ein wenig aus, und sowas ist immer von Vorteil.

Der Zug stand vor der Bahnhofshalle, die sich über viele hundert Meter hinzieht, - er war gewissermaßen vornehm vorgefahren. Natürlich war eine Unterführung da, doch machte niemand von ihr Gebrauch, - war sie verstopft? Diente sie als Waffenlager, oder war sie noch von dem eben beendeten Aufstand mit verwesenden Leichen gefüllt? Auch das hatten wir mitgemacht.

Allerorten noch die Spuren der Verwüstung, die Schattenmale aus Bürger- und Brüderkrieg, im Schutt die menschliche Betriebsamkeit derer, die es überlebt haben, ihrer viele die Bügelhalter des Caudillos, der anderes zu tun hat als sein Land wieder aufzubauen: wichtiger sind die Milizen, der ganze kostspielige Militärapparat, ohne den er nicht an der Macht bleiben kann, - der Dunghaufe jeder Diktatur.

Abgeäschert, mit ziehendem Atem und nicht mehr ganz fest auf den Beinen, standen wir endlich vor dem erstklassigen Zug, stellten das Gepäck ab, damit einer von uns ein Abteil zweiter Klasse, ganz hinten, suchen könne, - einen Dienstmann hatten wir nämlich nicht erwischt, obwohl mehrere sich beim Einlaufen des Zuges über die Gleisstrecken verstreuten und auch gleich zu schleppen kriegten. In dem Augenblick wurden alle Türen zugeworfen, wie auf Kommando, und ich hörte es genau, sie wurden von innen verriegelt.

Beatrice sagte, ich kann nicht mehr, was nun? Zu bedenken gab es nur eines: hier fortzukommen, und jetzt die „zu-en" Türen, wie einige sagen, weshalb meine Verknötterung wuchs, ich brauchte Luft und verschaffte sie mir, indem ich einige holländische Fluchwörter über diese Mißwirtschaft losließ, *rotzakken, tuig, gesodomieter,* wenn Sie's wissen wollen, zugleich ergriff ich einen Koffer und schleppte ihn an die nächste Tür, da stand aber ein Mann, der irgend eine Uniform trug, also amtlich war, und sagte, fast verweisend, alles sei doch zu, der Zug sei besetzt, es werde niemand mehr hereingelassen. Andere Bahnbeamte liefen jetzt den Zug entlang und verkündeten die unselige Neuigkeit: alles besetzt! Ein Reisender wollte handgreiflich werden, vergriff sich aber im Opfer, was den Krawall nur erhöhte. Einer ältlichen Engländerin entfiel der zum Reisesack umgeschnürte Plaid, auf den sie sich dann niederließ mit einer Miene, die sagen wollte, hier sitze ich nun, das tut man mir an. Ein Geistlicher ging umher und spendete Trost, während eine Spanierin ihre Kinder herbeirief und mich dabei so giftig ins Auge nahm, als sei ich an diesem Unheil schuld, das sowohl der Kindersegen wie der verriegelte Zug sein konnte. Und doch mochte sie recht haben, denn vielleicht war alles auf Verordnung des hinkenden Teufels geschehen, weshalb es denn uns galt!

Proteste hagelte es in den feinsten Sprachen der Welt und auch in solchen, die ich nicht verstand. Empörte Reisende, die zudem noch über Körperkräfte, Angriffswut und die dazugehörige Entschlossenheit verfügten, trampelten auf den Trittbrettern herum, donnerten gegen die Türen, die sie gewiß eingetreten hätten, wenn sie die richtige Rammstellung hätten einnehmen können, - indes das Vergebliche ihres Tuns spornte nur die Raserei, - o diese Ohnmacht! und Hitler hatte den Russenpakt geschlossen, jeden Moment kann es losgehen, - hier aber!

Doch gab es auch vernünftige Menschen, die sich auf ihr Recht beriefen, man spricht dann vom guten Recht, und sie waren willens, kurzerhand den Weg der Beschwerde zu beschreiten, der freilich meist sehr lang ist, immerhin riefen sie nach dem Stationsvorsteher, während die Maschine immer weniger Dampf abließ, der nämlich jetzt schon durch die Siederöhren der Rauchkammer geleitet wurde, dann wird der Rauch leuchtend hell, und jeder, der da Bescheid weiß, weiß auch, daß der Lokomotivführer bald die Pfeife zieht und es wird abgefahren!

Nun hätten alle diese Zugbrüchigen, statt nach dem Bahnmeister zu schreien, genau so gut nach dem Lieben Gott oder gar nach dem Generalissimus Franco rufen können; keiner, der auf diesen Namen hört, hätte sich blicken lassen, und wäre der eine oder der andere dem Flehruf gefolgt, sei es auch nur aus Versehen, wäre da überhaupt jemand noch imstande gewesen, den Herbeigeschworenen unter diesem buntgewürfelten Gemenge zu erkennen? Keiner freilich von den beiden Allmächtigen ließ sich blicken, kein höheres Wesen griff in die Willkür ein, und was da an Uniformierten herumstand, saß oder gar lag, was konnte so einer nicht alles sein, – im Grunde genommen stand damals nicht nur ein Stationsvorsteher seiner Station vor, jeder stand jeweils einer Sache vor, die die Seine war und in den meisten Fällen die des Todes. Hätte man freilich den oder jenen gefragt, was das für ein wichtiger Belang sei, den er bis an die Zähne bewaffnet vertrete, er wäre die Antwort schuldig geblieben. Na, da kannte ich meine Spanier, und ich wußte, zu bestimmten Zeiten und unter ganz besonderen Umständen hat jeder alles und niemand nichts zu sagen, weshalb man zur Selbsthilfe greifen muß, was die meisten Spanier auch tun. Das Ganze nennt man Anarchie oder Anarchismus, das „Ich" wird groß geschrieben, jeder ist seine eigene Sache, – selbstsichere Erkenntnisse sind das, doch wenn der anderen Sache mitsamt der eigenen schief geht, dann haben wir das Gejammer, das Sprachgebabel, und, in unserem Falle, der ja vorgeht, einen hinkenden Teufel, der Zugtüren schließen läßt.

Aus den Fenstern kamen jetzt lange Arme heraus, einen lieben Angehörigen ins Abteil zu ziehen, ein schönes Bild der Nächstenliebe, die da geübt wurde, indem man niemanden ohne den letzten Einsatz zum Hinterbliebenen machen wollte. Wehrte man ihnen? Bei Schiffbruch gibt es eiserne Regeln, wer sich an ein überfülltes Rettungsboot klammert, dem werden die Finger abgekappt. Hier kam es zu keinem blutigen Gemenge, die Meute wurde in Schach gehalten, nichts zerstört, das Ärgste verhütet. Einzig einem fixen Knaben gelang es, den Zug im Sturm zu nehmen, wie überhaupt die ganze Szene wie der Überfall auf einen Präriezug wirkte, ohne daß freilich Schüsse fielen, doch wurden plötzlich der Tumult, das Gehudel, die Kopflosigkeit so groß, daß um ein nichts der erste Schuß fallen konnte, ja, wer näher hingeschaut, hätte gewiß auch die langen Rifles aus den Büchern von Karl May erblickt, unter all den Feuerwaffen, die hier aufgeboten waren. In Zeiten, wo das Leben keinen Schuß Pulver wert ist, liegt das Pulver rasch auf der Pfanne. Mir war ob all dem nicht wohl zumute, dem ganzen war überhaupt, um im Bilde zu bleiben, nicht über die Lunte zu trauen.

Doch wo die Not am größten, da ist - na, es war ein älterer Portugiese, der dem ungesprochenen De-profundis Gehör gab und sich zum Wortführer der Geprellten aufwarf. Eindringlich und unter Berufung auf eine sehr hohe Stelle, die er im internationalen Eisenbahnverkehr inne habe, verlangte er, daß man die Korridore der Schlafwagen freigebe, Gepäcknetze räume für Kinder, und was alles er an weiteren Vorschlägen fast befehlend vorbrachte.

Nun geschieht das Merkwürdige, daß in diesem ganzen tosenden Wirrwarr ein Wort der Vernunft, fast schon die Stimme der Natur zu nennen, sofort Anklang fand, - Gehör, indes bei wem? Ja, wer vermöchte das zu sagen! Denn es wußte ja niemand, wer wem was zu befehligen hatte; vielmehr hatte sich, und sozusagen stillschweigend bei all dem Palaver, eine Art Gesellschaftsvertrag gebildet, dem sich alle unterwarfen, Schaffner kamen angelaufen, Dutzende an der Zahl; von überall kam man; Uniformen und auch Zivil halfen beim Schleppen, beim Aus- und Umwaggonieren, jeder ein guter Geist: jeder war, indem er gehorchte, ein Hoher geworden, der sich herabließ, Tenderknecht wie Weichensteller, Reisender selbst auf ferner Fahrt; so wird einmal Friede und Eintracht über die Menschen kommen, ein Jeglich geht jeglichem zur Hand, und vor allem das Kopfschütteln, daß es *das* gibt. Nämlich es wurden sämtliche Schlafwagen geöffnet, – wohl bat man die Reisenden, möglichst leise zu Werke zu gehen, auf den Zehenspitzen sich einen Stehplatz zu suchen, – die Inhaber der teuren Betten dürften nicht gestört werden, – höchstes Gebot der *Wagons Lits International.*

Da brach ein mächtiger Hallo unter der vielhundertköpfigen Menge aus, die Sprachen überschlugen sich, und wo noch vor wenigen Sekunden die Panik gedroht, mit gezücktem Messer, geballter Faust, und war da nicht einer mit einem Schlagring? – doch siehe, von den begünstigten Schläfern lag keiner mehr in den Pritschen, alle waren sie an die Fenster geeilt, zu sehen, was der Lärm bedeute: Revolution? War man seines Lebens wieder einmal nicht sicher in diesem Spanien?

Die Passagiere wollten einsteigen, neues Personal war zur Stelle, Mann für Mann Mützen- und Waffenträger; ein Feldgeistlicher mit einem bunt eingewickelten Kinde auf dem Arm suchte, den Zug entlang, nach dem Inhaber des verlorenen Schäfleins, alles drängte zur Eile, der Lokomotivführer gab Winke, was er überhaupt nicht durfte, und ließ zur Bekräftigung seiner Führerbefugnis ein paar Atmosphären Dampf durch die Pfeife: Sputet euch, *ich* fahre jetzt ab! Wieder das Getümmel, Gedrang an den Türen, und schau, wer kommt da angehumpelt, – ja, er, unser geheimer Agent, mit all seinen Namen, die ich ihm angehängt, Hampelmann auch, dessen Arm immer hochging und vor dessen Angesicht vieler anderer Arme die Knechtsgeste auszuführen sich veranlaßt sahen, – nur wer die Arme nicht frei hatte, hatte in dieser Beziehung freie Hand, – und wir – wir hatten den Schergen überhaupt vergessen, seiner nicht mehr geachtet, er war aus unserem

Flüchtlingsdasein ausgeschieden, blieben hinfür der Verfolger immer noch genug. Wir waren gezeichnet, aber *der* ging uns nichts mehr an, mochte immer er es gewesen sein, der aus seinem sicheren Gewahr heraus die Waggons hatte schließen lassen. Mitreisende hatten es uns ja gesagt, er sei ein Mächtiger, selbst in den eigenen Rängen gefürchtet, vor dem, wie das in allen Diktaturen so ist, auch das Hochgesindel aus der nächsten Umgebung des Tyrannen erzittert.

Vor uns war eine Tür aufgeschlossen worden, ein paar Leute stiegen ein, leichtes Handgepäck durfte man bei sich behalten. Dienstmänner hatten das unsere schon in einen Gepäckwagen befördert.

Der Hinkende näherte sich uns und hob den Arm, dazu die Heilsprüche, - wir achteten seiner nicht. Ich ließ Beatricen den Vortritt, bitte! Sie hatte schon den Fuß auf den eisernen Stufenrechen gesetzt, da packte der Pferdegesichtige sie beim Arm und riß sie zurück.

Ein paar Reisende schrien auf.

Nanu, der hat uns nicht aus den Augen gelassen, der will uns noch eins auswischen, bevor wir abreisen, - und so mischte ich mich ein, indem ich zuerst, wieder holländisch, Beatrice bat, sie möge sich ruhig verhalten und den Mund nicht auftun. Daraufhin wandte ich mich dem Agenten zu und deutete ihm, wir hätten keine Zeit zu verlieren, wir möchten einsteigen, sonst fahre der Zug ohne uns ab. Den Wagen könne er sich ja für seine Zwecke merken.

„- ohne Sie ab, - das wird der Fall sein, Sie fahren nicht mit, vielmehr lasse ich Sie beide unter Arrest stellen", - er werde die nötigen Anweisungen geben.

Als er dies sagte, faßte er mich barsch beim Arm und schob uns dann beide schroff zurück, - also schon Anwendung körperlicher Gewalt. Eingriff in unser persönliches Einsteigerecht bei unter Dampf stehender Lokomotive! „Niemand", sagte ich darum, sehr energisch und von meinem Rechte gespornt, „niemand kann uns hindern, diesen Zug zu besteigen, wir haben unsere gültigen Fahrausweise, und hineingehen, da gehen noch genug Leute hinein."

Ich fügte noch dies und jenes hinzu, leider wieder holländisch und zu Beatricen gewendet, die beliebten Verwünschungen, - der Geheime versteht das ja doch nicht. Wie aber mein Malamut-Hund, Elip Lolochuck, mit dem wir portugiesisch sprechen, aus dem Tonfall heraushört, ob ihm Lob oder Tadel gespendet wird, so wußte der Scherge, daß ich Flüche gegen ihn lästerte, - und nun war es ganz aus. Ich hatte Beatrice um Schweigen gebeten, mich aber selber im Wort übernommen, und mußte auf Auswege sinnen, denn der Geheime war jetzt die Höchste und Einzige Macht auf dem Bahnhof von Medina del Campo.

Seht ihn, wie er jetzt einen Trupp Bewaffneter herbeiwinkt, Neugierige zurückscheucht mit einem an sich alltäglichen Fluch, doch aus solchem Munde, in solcher Lage, wirkte er wie der Finger am Hahn, und man stob.

Die Soldaten kamen angetrabt, Offiziere hatten sich zu ihnen gefügt, wie man überhaupt schon mochte gemerkt haben, daß der Strecken-Geheime einen Fang getan. Dieser nun entrichtete einem der Hauptleute seinen Befehl, wobei er die Rock-Klappe lüpfte, obwohl jeder hier wußte, was das für ein Signum war, das ihn ermächtigte, Dienstorder zu erteilen. Und so hieß es, indem er auf uns zeigte: „Diese beiden fahren nicht mit, - und jener da auch nicht."

Jener da, auf den sich nun viele Augen richteten, das war ein schmächtiger Mann, Südländer, unrasiert, wie übrigens viele, schlecht gekleidet, wie übrigens wenige, - nach dem Bündel zu schließen ein Vagabund oder fahrender Geselle, dem Gesichtsausdruck nach zu schließen ein Intellektueller, vermutlich war er auch tuberkulös, eingesunkener Brustkorb, schlechter Futterzustand, - alles in allem hatten wir einiges gemeinsam.

Der Offizier salutierte und nahm den Befehl entgegen. Er lautete, im Spielraum des barschen Tones, ungefähr so: Diese drei Personen bleiben zurück, sie stehen vorderhand unter Arrest, man schaffe ihr Gepäck wieder herbei, – den Bahnsteig dürfen sie nicht verlassen, den Wartesaal nicht betreten. Sie sind im Besitz beschränkter Geleitpapiere (die damals noch lebensgefährdenden *salvoconductos*), morgen um diese Zeit fahre ja wieder ein Zug, der fahrplanmäßige, und er werde, nach Rücksprache mit den höheren Instanzen, darüber entscheiden, ob die Dreie weiter reisen könnten. Die Gesetze seien ihm ja, er meinte den Offizier, hinlänglich bekannt, vor allem die Spielräume der Passierscheine, was alles der Offizier salutierend bestätigte, – und er, der Hauptmann, sei ihm persönlich haftbar für die drei aufgebrachten Passagiere. Auch das bekräftigte der Offizier mit der Hand am Schirm.

Der Hinkende machte dann eine schöne Geste, in die er das gesamte Soldatengelichter einbegriff, was mir nun wiederum sehr gefiel, ob auch der Hauptmann seine Empörung nur schlecht verhehlte, da er in diesem besonderen Falle die Verantwortung für *uns* Gelichter allein zu tragen hatte. Doch wo ein Bube regiert, regieren die Buben alle.

Abermal ergriff ich das Wort, gebärdete mich bedeutungsvoll, pochte auf meine redliche Sache, drohte mit Klage, berief mich auf den Rechtsbehelf der Beschwerde gegen einen willkürlich gefaßten Beschluß, sagte noch dies und das, was mir an Rechtsgültigem einfiel, – worauf Gelächter laut wurde, der Offizier irgend welche Winke erteilte und ein Arbeiter im blauen Overall mich augenzwinkernd beiseite nahm, wobei er mir Zeichen machte, denen ich entnahm, er habe mir etwas mitzuteilen. Ich richtete es so ein, daß ich ihm lauschen konnte, – Dies: Vorsicht und abermal Vorsicht! Der Geheime sei ein teuflischer Kerl. Rankune, man habe ihn lahm geschossen, überall habe er seine Beihelfer, beim Caudillo sogar hoch angeschrieben; die Kugeln säßen noch lose in den Läufen, – er selber schieße zwar nie.

Wie ein gelernter Zauberkünstler gab ich dem Warner fünf Peseten, den Duro, und so unauffällig, daß sofort ein anderer Arbeiter herbeischlenderte, der angenehmerweise auch keine Waffen sichtbar bei sich trug; unterm Kittel vermutlich nicht einmal ein Hemd, dafür, vielleicht, eine balearische Schleuder. „Aufpassen", flüsterte auch er mir zu, „machen Sie sich aus dem Staube, die bunten Herrschaften hier können lästig werden, alle sind sie untereinander befeindet, *eine* Weisung, und man führt Sie ab, sperrt Sie ein, was weiß ich, – heraus kommen Sie sodann nicht so rasch mehr in Gottes freie Natur."

Das war ein ebenso blumiger, wie klarer und inzwischen längst unnötig gewordener Wink, den ich aber mit 5 Peseten offen von Hand zu Hand entgalt, – vielleicht oder gewiß beäugt vom Geheimen, auf den jetzt ein Offizier zuschritt, der einen noch höheren Rang haben mußte als alle die anderen: goldfarbene Embleme mit Sternen und Streifen und vielsagenden Spiegeln. Der mischte sich nun ins Spiel, womöglich aus reiner Langeweile, und er ließ sich – ich horchte hinüber – vom Staats-Spitzel und den Kameraden des Standortdienstes, der für uns verantwortlich geworden, Meldung erstatten.

Der scheine hier etwas zu sagen zu haben, sagte ich zu Beatrice, und selbigen Augenblicks beorderte unser Bürge einen gleichfalls schwer bewaffneten Soldaten zu sich, der vor ihm stramme Haltung annahm: dieser solle mich begleiten, zum Güterwagen, unsere Koffer seien mir auszufolgen, – ob ich den Gepäckschein hätte?

Den hatte ich nicht, aber da unser Getreibs bereits Aufsehen erregt hatte, kam beim Güterzug die brave Haut von Dienstmann, salutierte frankistisch, sagte mir, er wisse genau Bescheid; unsere Effekten habe er darum schon herausgesucht. Ich bestätigte Stück für Stück, ließ wieder einen Duro springen, worauf wie auf den Plotz ein anderer Soldat dastand, gewiß der Niedrigste der ganzen Truppe, und mir einen Koffer auf meine Schulter hob, –

so hatte er seinen Mund an mich gebracht und flüsterte: alle seien sie auf der Station verrückt geworden, seit da zwischen den Deutschen und den Russen etwas abgemacht worden sei, und überhaupt gehe das nun immer so zu, Tag und Nacht; jeder mit jedem verkracht, vom Korpskommandanten bis zum Stiefelwichser: „Machen Sie sich diesen Hader zunutze, sonst sind Sie verloren. Die Gefängnisse sind übervoll, immer noch, und der Geheime und Seinesgleichen auf den anderen Strecken sorgen für den Nachschub, - doch will ich nichts gesagt haben!"

„Sie haben ja auch nichts gesagt, und was die Gedanken betrifft, die mache jeder sich selbst. Hier!"

Ein weiterer Duro besiegelte gleich dieses lockere Bündnis.

Der Agent donnerte die Muskoten an: „Das Gepäck an die Mauer, dort bleibt es stehen, und die Drei dazu!"

Nun, daß wir uns an die Mauer stellen mußten, war wohl sinnbildlich gemeint, denn der Pferdegesichtige ließ der Order nicht den Befehl folgen, uns zu erschießen; obendrein gibt es im Spanischen dieses erhabene Wortspiel nicht; doch wie dem auch sei, der Geheime schwang sich jetzt auf's Trittbrett, ließ seinen Kriegsruf erschallen, linke Hand am linken Griff, die Rechte hoch, arriba, Heil und viva und so weiter das „venite adoremus"; - abfahren konnte der Zug, endlich heraus aus der Höllenhalle. Der Pfiff, der Wink mit der Scheibe, die Maschine zog an: der Lusitania wurde in seiner Nutzlast jetzt um unser dreier Gewicht benebst dem Gepäck weniger beansprucht.

Wie stand es da um meinen Kopf? Die Zunge klebte im Mund, über meine Augen legten sich Schleier, die Ohren sausten; dann brachte das lange Sirenengeheule mich wieder auf den Bahnsteig zurück, der Zug fuhr davon, das letzte, was ich noch sah, wie in einem hämischen Traum, war das leichenhafte Pferdegesicht, das aus einem der Fenster blickte. Unwillkürlich mußte ich da an die Gäule denken, die zu Beginn des Wilhelminischen Krieges in meiner Vaterstadt ausgehoben und in Viehwagen in die zuständigen Bezirkskasernen verladen wurden, - wie Leichenschädel hingen ihre Köpfe zu den Luken heraus.

Und nun wir denn? Mehrere hohe und immer höhere Offiziere hielten eine Art Kriegsrat ab, ein militärischer Stehkonvent, der über unser Schicksal sich besprach, der Fall wurde durchgehandelt, Befehl ist auch in Spanien Befehl, soweit wo immer Befehl Befehl ist.

Ein Sprecher wurde bestimmt, dieser trat leichthin grüßend an uns heran und bedeutete, wir könnten auf Grund des beschränkten Geleitscheines den Bahnsteig nicht verlassen und seien somit gezwungen, 24 Stunden an der uns zugewiesenen Mauer auf den nächsten Express zu warten. Inzwischen werde anderen Ortes bestimmt, ob wir überhaupt die Erlaubnis zur Weiterreise bekämen. Auf unser Gepäck zeigend, meinte er, ganz ohne Spott, wir sollten es uns neben oder gar auf unseren Habseligkeiten - er sagte *chismes* - bequem machen. Dasselbe gelte für den da, in Gemäßheit der erlassenen Bestimmungen ...

Für den da! Das war unser Südländer, der mit seinem Felleisen etwas abseits von uns stand, doch wie wir zum Mauer-Arrest verdammt.

Der kleine Kriegsrat löste sich auf, die Herren zogen sich zurück, jeder in das Quartier seiner Einheit, ließen aber ein paar ihrer jüngsten Mannschaften zu unserer Bewachung Posten fassen. Einige nahmen ihre Schießzeuge aus den Halftern, behelligten uns aber weiter nicht, wir waren ihnen sichtlich nur Ruhestörer.

„Beatrice, das habe ich uns nun wieder eingebrockt, - wo der Pöbel die Macht hat, hat unsereins jegliches Lebensrecht eingebüßt, sei es denn, man heule mit den Wölfen. Nun stehen wir an der Wand, - oder hätten wir nachgeben sollen, ein Arm ist leicht gehoben."

„Nie, lieber auf den Koffern schlafen."

Doch ehe wir uns zu solcher Bettelrast niederlassen konnten, kamen wieder Arbeiter dahergeschlendert, die machten sich an uns heran, vor allem der Bursche, der mir schon behilflich gewesen, kam ganz nahe und bat um Feuer. Ich spielte nämlich mit einem der landesüblichen Luntenfeuerzeuge mit den gelbgedrehten Dochten, obschon ich, leider übrigens, nicht rauche. Feuer anbieten ist immer eine Gelegenheit, ein Gespräch anzuknüpfen. So auch jetzt:

Wir sollten, er erlaube sich uns einen Rat zu geben, doch einen stärkenden Kaffee trinken gehen ...

„Trinken gehen, einen Kaffee, kein schlechter Scherz, junger Freund, wo man uns doch hier abgestellt hat und wir befehlsgemäß ausharren müssen, was allein schon gewisser Bedürfnisse wegen ein Problem ist, und, mein Guter, immer im Schußbereich der bewaffneten Macht des Caudillos."

Ja, ihr Leser, diese Worte sprach Vigoleis zu dem Arbeiter, wortwörtlich so, und das ist schlimm, denn es legt den Verdacht nahe, daß etwas mit ihm nicht mehr stimmen kann. War sein Kadaver auf Gehorsam aus? Hatte der hinkende Geheimwicht, der selber ein Jämmerling seines Führers war, in ihm den Drang nach Freiheit abgewürgt? Macht die weltweit um sich greifende Knechtschaft so rasch den Freien zum Knecht? Schämen sollte er sich, und statt an die Wand, in die Ecke mit ihm!

– „Die sind hier nämlich alle verrückt!", das hatte mir jemand zugeflüstert, und so fragte ich denn, wer gemeint sei mit der Verrückterei.

„Ach", sagte der Bursch, „lassen wir das vorerst, ich kann Ihnen nur den Rat geben, sich um die inneren Vorgänge hier auf der Station nicht zu kümmern, zumal sich da wenige auskennen, und es ist ja noch kein Schuß gefallen!"

Aber, hielt ich dem entgegen, unheimlich sei das alles doch, so an der Wand zu stehen – ich sagte ihm die spanische Entsprechung – und zu wissen, um einen herum sei alles dem Wahnsinn verfallen, oder zumindest der völligen Verrücktheit, die schon in Friedenszeiten unlösliche Probleme aufwirft. „Denn schau doch her, vor lauter Nichtstun tun sie wichtig, jeder hält sich für mehr, als er ist; jeder grollt jedem, mißtraut jedem, und wenn das, was sich so aufstaut, entlädt, na, dann geht es uns an den Hals, und Du willst, daß wir Kaffee trinken, ein Henkersmahl gar zu uns nehmen? Eure Hierarchie ist ziemlich in Unordnung geraten, das führt zu Krach. Ein Gefreiter ist zu Höherem berufen und beruft sich auch dazu. Ein General wird Generalissimus, ich meine . . ."

Da meinte der Junge, das eben sei es, die Verstrickungen innerhalb der Gewalt, dieses Tauziehen um den höheren Posten, die Beargwöhnung, der giftzischende Neid, – „ach Herr, machen Sie sich diese erbaulichen Tatsachen zunutze, verlassen Sie Ihren Stehplatz und vertrauen Sie sich mir an. Ich weiß, was ich selber bei dem Spiel riskiere, Sie aber bekommen Ihren Kaffee, Sie alle Drei übrigens, und nun nicht lange gefackelt, wenn ich bitten darf."

Da blieb mir nichts anderes übrig, als mich vor dem Spanier zu verbeugen, und ich beteuerte Beatricen, daß der Junge eine vernünftige Sprache spreche, der habe das seinige schon gelernt, spielt mit dem Feuer, auch winke die Kaffeekanne, – so war es doch auch auf Mallorca, neben dem Strick hing immer die Sobrasada – das ist eine gewürzte Preßwurst. Der Bürgerkrieg ist aus, aber der Krieg geht weiter, es schwelt, man braucht nur ein wenig zu stochern und zu blasen, dann schlagen die Flammen auf, unheimlich ist das, und doch Beatrice, ich spür's, der Trabant ist kein Verräter, er möchte wieder einen Silberling, und den kriegt er auch, so wahr . . .

Der Südländer hatte dem zweisprachig geführten Wechselgespräch zugehört, nun aber sagte ich zu ihm, französisch, er möge mitkommen, er wisse worum es gehe, hier werde Intrige gegen Kaffee umgesetzt, den Hals könne es schon kosten, doch erst die heiße Tasse!

Ein Kellner, dem man erzählt haben mochte, es seien drei Passagiere zum Bahnarrest verurteilt worden, eine vierundzwanzigstündige Standhaft habe man ihnen aufgebrummt, der unterhielt sich mit unserem Mittelsmanne, während ein Güterzug mit verlangsamter Fahrt vorüberzog, vollgeladen mit Kriegsmaterial, Haubitzen, Kanonen, Tanks, altes Wehrgerümpel, das vermutlich an die französische Grenze befördert wurde, und drei Nonnen gingen, still vor sich hinbetend, über den Bahnsteig, der nun wieder mehr mit Kriegsvolk belebt war, – viele hatten sich, die Waffe im Anschlag, längs des Schienenweges aufgestellt. Gewehre wurden indes nicht präsentiert.

Der Kellner trug eine schmuddelige Jacke, der man aber ansah, daß sie von Hause aus weiß gewesen, und da er keinerlei Orden und sonstige kriegerischen Ehrenzeichen aufwies, wirkte er auf mich sauber und ohne Arg. Zudem hatte er alle seine Glieder beisammen, nichts hatte er auf dem Felde der Ehre zurückgelassen, ein heiler Geselle, mit einem Wort, und solch ein Mann zu dieser Stunde, der die Honneurs der Bahnhofsbude innerhalb der ganzen Sauwirtschaft zu wahren suchte! So winkte ich ihm zu.

Blinzelnd lud er uns ein, sein Reich zu betreten, – das mit dem Steharrest oder wie ich mich ausgedrückt haben mochte, das seien Albernheiten, Hirngespinste, wenn ich erlaube, – Pepe – das war unser Kofferbursche, werde auf das Gepäck aufpassen, alles andere sei besser drinnen zu besprechen. Hier draußen eine Handbewegung umfaßte den ganzen, jetzt wieder kriegswichtigen Knotenpunkt, – da sei doch jeder übergeschnappt, man spiele Krieg, und des übrigen habe man nichts mit den internen Zerwürfnissen des Kriegs- und Bahnvolkes zu tun.

Das mochte auf ihn, den Kellner zutreffen; *wir* standen unter Verdacht und somit unter Aufsicht. Gewiß, hier erwies es sich wieder einmal, wie sehr der Volksmund recht hat, der sagt, wenn zwei sich streiten, freue sich der Dritte, und wir selbdritt, konnten uns an den Kaffeetisch setzen, weil die da draußen ihre Händel hatten. Ganz Spanien war untereinander zerfallen, so daß es von lachenden Dritten nur so wimmelte und man andererseits die Ansicht nicht von der Hand zu weisen vermag, das durch Franco zuschanden gesiegte Land sei ein einziges Freudenland.

So griff ich denn, Freudenspender in eigener Sache, in die Tasche und verteilte an die jungen, mutigen, erfahrenen und verschlagenen Kofferschildwachen meine Duros, an denen auch der Kellner teilhatte, erst mit nur einem Stück, gewissermaßen als Vorschuß, und das alles spielte sich mit viel Augengezwinker und Betulichkeit ab.

Der Heerbann hatte sich inwischen wieder verzogen, denn ein wichtiger Zug lief erst eine Stunde später wieder ein, und so war die Lautlosigkeit fast beängstigend nach all dem Tumult, den wir selber hervorgerufen hatten. Franco hatte seinen Bürgerkrieg gewonnen, der Krieg unter den Soldaten ging weiter, unterirdisch, also in Spanien jedermann sichtbar.

Als wir uns zur Bahnhofswirtschaft begaben, erhoben sich sofort mehrere Aufpasser und folgten uns, wieder besprach man sich, ein Offizier inspizierte sogar das Gepäck unter dem wachen Auge des zur Bewachung beorderten Gesellen, dessen Zuständigkeit von dem Vorgesetzten nicht angezweifelt wurde.

Das Bahnhofslokal war ziemlich geräumig, ja eigentlich war es ein großer Saal, den wir betraten, mit einem altmodischen Buffet, das zu beiden Seiten von bronzenen Stehlüstern gerahmt war. Auch von der Decke hingen derartige Leuchter im gleichen barocken Stil. Dem Ausschank gegenüber befand sich ein offener Kamin, lebensgroße Schwäne aus Majolika standen stölzern herum, die beliebten Schaustücke aus den Tonbrennereien Mallorcas, Kitsch gewiß, aber sehr dekorativ. Wie diese zerbrechliche Ware den Krieg überstanden hat, ist rätselhaft und könnte manchem Historiker zu denken geben.

Als wir, Beatrice und ich, gute 25 Jahre später auf den Spuren unserer eigenen Flucht dieselbe Reise von Station zu Station machten und so auch in Medina del Campo die Bahnhofswirtschaft besichtigten, siehe da: die Schwäne! „Beatrice, sie sind noch da, nicht einer fehlt!"

Gewiß, diese stolzen Vögel sind heilige Tiere, sie unterstehen göttlichem Schutze, aber kaputtgehen, um es einmal so zu sagen, das hätten sie nach dem heiligen Kriege immer noch können. Ich war nachgerade erschüttert, als ich sie so unerwartet erblickte, und mir fiel ein, aus meiner Kindheit, daß Schwanendaunen im Reiche meines Kaisers einzig dem preußischen Königshause vorbehalten waren, freilich nur die der berühmten Spandauer Hofschwäne. Indes die Leda, die ließ sich nicht blicken, ob auch deren genug im Revier waren, nur hießen die Schwäneriche hier anders.

An einem runden Tisch saßen Bewaffnete und vertrieben sich die Zeit bis zum nächsten Appell mit einem in Spanien sehr beliebten Würfelspiel.

Unter Glasglocken, den *redomas,* wurden welke Blumengebinde mit heiligen Figuren und Kruzifixen zu andächtigen Zwecken dargeboten, während tausende von Fliegen durch die Luft schwirrten, immer wieder auf den Glocken sich niederließen, in ihrem Insektengemüt verstimmt darüber, daß ihnen der Zugang zu den sakralen Stätten, von denen sie sich wer weiß was für Fliegensüße versprachen, verschlossen war. So setzten sie nur ihren fiesen Schmitz auf den Kugeln ab, erhoben sich in die Lüfte, wo sie die Kronleuchter umkreisten, stetsfort in der Hoffnung, daß Gäste kämen, denen man auftischt. Nun, wir waren unser drei, die der Speise bedurften, - ob es Kaffee mit etwas Gebäck sein dürfe, Ensaimadas vielleicht?

Während uns die Fliegen im Auge behielten, draußen der Geheuerte unser Gepäck nicht aus den Augen ließ und die Schwäne mit ihrem mythisch verglasten Blick einfach ins Leere schauten, nahmen wir am Tische Platz, dem Eingang gegenüber, mit uns natürlich der als Südländer bezeichnete Gefährte, für den die Umgebung Luft zu sein schien, ja ich gewann immer mehr den Eindruck, daß er sogar von sich selber nichts mehr wissen wolle. Daß er um seinen Hals bangte, war klar, doch hat jeder seine eigene Art, sich mit derartigen Übelständen abzufinden.

Der Kaffee war schlecht, ungenießbar, doch war er zum Glück brühheiß, so tranken wir ihn, zumal es ja immer heißt, bei derartigen Mißwenden, wo der Magen zu kurz kommt, es sei an der Zeit, ihn mit etwas Warmem aufzufüllen; noch hatten die Ensaimadas Mallorca nie gesehen, doch aßen und tranken wir, was die seltsame Stunde bot.

Besser hinwieder ließ sich ein Gespräch mit einem anderen Kellner an, der ganz unerwartet aus einer Tapetentür zum Vorschein gekommen war, die sich hinter dem Ausschank befand. Er war aber gar kein Kellner, sondern der Maître d'Hôtel in eigener Person, und als solcher stellte er sich vor.

Die Unterhaltung, weltgewandt eingefädelt, nahm einen unerwarteten, und, gleich sei es gesagt, brenzlichen Verlauf: wo wir schon den Mauerplatz verlassen und das verbotene Restaurant aufgesucht hätten und somit abschußreif geworden seien –

„Also wird hier doch geschossen?“ sagte ich.

„Das Schießen kommt später, doch lassen Sie mich erst zu Ende sprechen, – abschußreif seien, könne man einen weiteren Schritt wagen.“

Ich staunte. „Sie meinen, guter Mann, die Flucht. Die Verbannung als Folge, und, als Krönung des ganzen Abenteuers, die Ewigkeit?“

„Daß Gott bewahre, Ihnen so etwas vorzuschlagen, nein, der weitere Schritt führt Sie ganz woanders hin, nämlich ...“

„Nämlich wohin denn, an diesem verfluchten Knotenpunkt? Sind auch Sie schon übergeschnappt?"

„Das, mein Herr, bin ich gottlob noch nicht, vielmehr bin ich vermutlich hier der einzige, der sie noch alle beisammen hat, und was den Schritt betrifft, der führt Sie, das heißt, ich führe Sie ins Schlafgemach, - Doppelzimmer, französische Betten, bitte, wir sind auf alles eingerichtet, haben sehr oft Trauungen, mit anschließender Brautnacht."

Ich war verblüfft, Trauungen an einem Knotenpunkt, und da fragte ich, ich weiß nicht warum mir das einfiel, ob er denn auch einen Geistlichen habe, der den Bund einsegne.

„Wir haben hier, meine Herrschaften, alles, unser Monseñor der Feldgeistliche steht auch Ihnen zur Verfügung, wenn Sie das meinen."

„Wir sind getraute Leute, aber den Divisionspfarrer habe ich schon gesehen, ein hilfreicher Gottesmann."

Welch ein Vorschlag! Ein richtiges Bett, - wie das denn alles zu bewerkstelligen sei, mit denen da draußen -

„Nun", führte der Geschäftsträger des Knotenhofs aus, man habe Zimmer, sei ein richtiges Hotel, alles noch ein wenig verwahrlost, die Zimmerwände durchlöchert -

„Auch die der Brautgemächer?"

„Da ist alles schon zugepliestert, das fordert die gute Sitte, wir sind sehr diskret."

Fließendes Wasser und so weiter, das warme werde zwar noch nicht so richtig heiß, und alle Betten seien wieder mit Wollmatratzen versehen, und alle wie in Friedenszeiten mit der Peitsche aufgepolstert.

„Und wenn man uns dann aus dem Schlafe herauspeitscht, - wir stehen doch unter Arrest, Freiheitsberaubung nennt man es auch, wir sind an der Leine, und Sie wollen sie ein wenig auslaufen lassen!"

Freiheitsberaubung: es war, wie sich versteht, dies eine Frage, die an unser letztes Stündlein rührte. Die Schwäne, klassische Schicksalsvögel, hätten aufgehorcht und uns hinhalsend einen Wink gegeben, wären sie nicht aus dem ob auch berühmten Mallorquiner Porzellan gewesen; bei Fleisch und Leibesblut hätte man denen in den Hungerjahren Stück für Stück den imposanten Hals sowieso umgedreht.

„Tonteria!“ sagte der Chef, und das bedeutet Unsinn, „wer spricht hier von Verhaftung, – lassen Sie sich doch nicht von den Truppenkörpern da draußen einschüchtern, – diese Bande!“

Ja, er sagte Bande, er war somit ein wackerer Mann, von beherzter Hilfsbereitschaft, die auch ihn ins Unglück stürzen konnte und mit ihm den ganzen Brautnachtbetrieb mit 3 Sternen: „Sie sind unser Gast, wir sind hier gewissermaßen exterritorial, wenn ich das richtig ausdrücke, und ,mal sehen, ja, es läßt sich machen. Ich habe da nämlich ein Ehepaar aus –“

„Brautleute“, ich pfiff.

– „wir sind ein diskretes Haus, also aus den Vereinigten Staaten, die Herrschaften fahren mit dem Express um zehn nach Madrid weiter, aber gegen die neune können Sie das Zimmer schon beziehen. Madame“ – zu Beatrice gewendet – „werden müde sein, – solange freilich müssen Sie hier unten warten, oder nein, kommen Sie doch bitte in den Salon.“

Von unserem Begleiter nahm er keine Notiz, was mich ärgerte, denn der Femdling gehörte mit zum Bunde der Verschwörer. Ansonst waren die Vorschläge des Hotelmeisters reinste Menschensprache, die einer gesitteten Vernunft, die der selbstsicheren Umsicht, aller Gefahren spottend, und das an einem Orte, wo alles aus den Fugen geraten war und jeder glaubte oder zu glauben vorgab, man müsse das Andenken an eine dem Wahnsinn verfallene Gestalt aufrecht erhalten, indem man selber Taten des Widersinnes ausheckte und einander mit dem Irrsinn in allen wissenschaftlich erforschten und noch zu erforschenden Formen das Leben erschwerte. Im Reich der Meinigen hatte sich diese Wissenschaft Siebenmeilenstiefel angezogen, - kurz, ich war wieder einmal erschüttert.

Die Soldaten würfelten weiter, Beatricens Züge entspannten sich, die Lippen waren etwas lockerer geworden, nicht mehr dieser unheilverkündende Strich, aber dann veränderte sich ihre Miene wieder ins Erschreckende, indes hatte sie nur einen Schluck aus der heißen Tasse getrunken, worin der Aufguß war, den man im Wilhelminischen Kriege Muckefuck nannte, ein Wort, das sie noch weniger mochte als das Getränk selbst, wobei sie, vom philologischen Standpunkte aus betrachtet, dem Ausdruck Unrecht antut, denn er stammt von feinsten Eltern, was freilich außer ihr auch Millionen in meinem Vaterlande nicht wissen: dieses wie ein Zauberspruch aus Drudenmund dunkel tönende Wort ist eine volkstümliche Umbildung aus der Sprache des Erbfeindes: infolge der Kontinentalsperre Napoleons hörte die Einfuhr der Kaffeebohne auf und man war auf den Zichorienkaffee aus den Gegenden von Braunschweig und Magdeburg angewiesen, also auf den „deutschen Kaffee“. Die Franzosen nannten diesen Sud „mocca faux“, also falschen Kaffee.

Die Brezel tunkten wir in den Mokka, der aber aus anderen Gründen falsch war, und obendrein ist Tunken oder Zoppen nicht fein, Hunger ist freilich auch nicht immer standesgemäß, obwohl er alle Gesellschaftsschichten erfassen kann, vor allem die, die ihn gefressen haben. So zoppten und tranken wir und wurden auf diese in Sittigung umstrittene Art wieder ein wenig Mensch.

„Schön, mein Herr, wir lassen uns auf das Abenteuer ein und nehmen das Doppelzimmer, bleiben aber noch so lange hier am Tisch, bis –“

Bis – ich konnte den Satz nicht vollenden, denn es fiel ein Schuß.

Endlich!

Die würfelnden Soldaten sprangen auf und rannten auf den Bahnsteig; der Kellner begab sich, weniger schnell, an die Tür und hielt ein wenig Ausschau; unser Mann aus dem Südlande fuhr aus seiner Versunkenheit auf und langte nach dem Bündel, ohne daß er die geringsten Zeichen einer Unruhe bekundet hätte. Beatrice schob die Tasse von sich weg und sah mich fragend an, der ich, meinerseits, nur aufstand und zum Maître d'Hôtel sagte: „Da haben wir's, bitte, man schießt, wie paßt das zu Ihren netten Vorschlägen, französisches Bett, ha! Die da draußen –"

Da draußen herrschte jetzt heller Betrieb, rottenweise zogen Formationen aller Farben auf, man hörte Gerufe, jemand blies ins Horn, sicher war das ein Signal, die Truppen verständigen sich so untereinander; wäre ich ein gedientes Pferd, dann wüßte ich, was los ist.

Ein Offizier kam und blickte zur Tür hinein, der Chef grüßte ihn mit einer Handbewegung, die nicht ganz im Winkel des Arriba España stand, wortlos übrigens, worauf er zu uns sagte: „Bleiben Sie! Da ist einem die Flinte losgegangen, das kommt hie und da mal vor. Hätte man Sie beim Gepäck an der Mauer vermißt, wäre sofort jemand von der Dienstaufsicht gekommen und hätte Sie abgeführt. Die werden sich wieder beruhigen, – also Sie nehmen das Zimmer, ich lasse es sofort richten, wenn die Amerikaner zum Frühstück herunterkommen."

Das Truppengewimmel auf den Bahnsteigen begann sich zu verlaufen, die drei Nonnen ließen sich nichts anfechten, betend gingen sie ihren Weg auf und ab, und die Fliegen da drinnen hatten inzwischen ihr himmlisches Kreisen eingestellt und waren auf unserem Tisch gelandet, wo sie mit ihren fixen Rüsseln sich aus kleinsten Krümeln die Nahrung saugten für sicher einen oder zwei Tage; sie sind ja so genügsam, daß sie lästig werden, hängt mit anderen Reizen zusammen, auf die sie aus sind. So verjagten wir sie nicht, wozu auch? Denn seit der Schuß gefallen, hatte sich unsere eigene Lage ein wenig verändert. Die verheißene Bettruhe wurde fragwürdig, in Sicherheit wähnen, das konnten wir uns nicht mehr.

Wie wir denn so dasaßen, jeder das Seine sinnend, entspann sich ein Gespräch mit dem Dritten im Bunde, der endlich auch einen Mocca faux bestellt hatte, sich aber aus dem Bündel ernährte, das er nun nicht mehr aus der Hand ließ. Er aß trockenes Brot, weißes Brot, das berühmte französische, die flûte oder auch baguette geheißen, – „Paris?“, fragte ich, selber am Brot als Nahrungsmittel überhaupt nicht interessiert.

Ja, aus dieser Stadt komme er, da habe er zu tun gehabt, doch nun sei es für ihn an der Zeit, das Festland zu verlassen, – es war ein leichtes Geplauder, er streifte die Dinge nur so obenhin, Begebnisse, von denen jeder spürte, wie alles bei uns an einem Fädchen hing; da taten wir besser, uns auf's Flüstern zu verlegen, was unter diesen Umständen allerdings noch viel gefährlicher sein konnte als der gewöhnliche Gesprächston, das unbefangene Wort.

Er war Mexikaner, Anarchist, er trieb um, hatte manches auf dem politischen Kerbholz, und, sagte er lächelnd, es sei ihm ans Leben gegangen, hätten die Deutschen ihn in Frankreich aufgegriffen.

„Hätten? Noch sind meine Landsleute nicht im Lande ihres Erbfeindes, indes fehlt nicht viel, dann läßt der Führer das verhaßte Land dem Erdboden gleichmachen. Er kocht schon, und mit ihm das Volk, – da muß gar manches ausgetragen werden, aller Geduld hat ein Ende, – übrigens stelle ich fest, daß Sie keinen Unterschied machen zwischen Deutschen und Nazis. Haben Sic Zeitungen?“

Er hatte Zeitungen, – *„parbleu,* wie haben Sie die über die Grenze gebracht? Uns hat man alles abgenommen, was wir an Büchern, Zeitungen und Zeitschriften mitführten, und selbst meine Manuskripte hat man beschlagnahmt, – die waren harmlos, meist Gedichte, alles Verfängliche hatten wir bereits auf der Fahrt von Bordeaux nach Hendaye selbst vernichtet, es war nicht wenig und – nicht so einfach!"

Der Anarchist zuckte verächtlich mit den Schulter, so daß ich mich ob meiner dummen Frage schämte.

Er hatte den Bürgerkrieg als wichtiger Mann der *Féderación Anarquista Iberica* mitgemacht, – so jemand bringt alles über die Grenze, und er hatte auch geheime Informationen, wie ich selbst, was mir bei der scharfen Kontrolle in Irun niemand hatte anmerken können, zur Gehirnwäsche war noch kein Grund. Nur Geld, das hatte er seltsamerweise nicht, und es schien mir dies der einzige dunkle Punkt seiner revolutionären Weltbewanderung zu sein, so wie diese sich uns darbot oder er es für gut fand, seine Chronik wildfremden Menschen anzuvertrauen. Uns band doch einzig die Verfemung durch den Pferdegesichtigen.

Anarchisten haben Geld, ganz gleich, welcher Richtung sie angehören, viele schwimmen im Gelde, und einen solchen lernten wir auf Mallorca kennen, es war in unserer großen Hungerzeit.

Er war der intime Freund eines unserer intimen Dichterfreunde, Deutsch-Belgier internationaler Prägung, der als der „Einzige" über allem stand und sein ICH so groß schrieb, wie sein Geldbeutel prall gefüllt war. Eines Tages klopfte er an unsere Tür, in Palma, wies sich aus, es war die bare Herrgottsfrühe, denn er war mit dem Nachtschiff vom Festlande gekommen, und bat unumwunden, sich sofort rasieren zu dürfen. Er trug einen schönen Bart. Bartlos kam er aus der Küche wieder zum Vorschein und ersuchte um etwas Puder. Beatrice bereitete unser ärmliches Frühstück, bei dem er gerne ansaß, und als man so den Morgenimbiß in sich biß, zeigte er mir seine mit Banknoten aus vielen Ländern gespickte Brieftasche, freute sich meiner kindischen Bewunderung, erlaubte mir auch, das Portefeuille, wie er diesen Geldsack nannte, ein wenig in der Hand zu wiegen, und für ein paar Sekunden verlor ich den Geschmack des Mocca faux von der Zunge und war der „Einzige und mein Eigentum“, also Stirner, dann gab ich ihm den abgöttischen Hort zurück, und er lud uns dann ein, in der Stadt mit ihm zu speisen, in einem guten, wenn möglich im besten Restaurant. Ich schlug das teuerste vor, von dem ich wußte, daß es zugleich auch das vorzüglichste war. Bestellen konnte jeder nach Wunsch, er kramte in den Noten, vor dem Kellner und vor allem Volke schlechthin, mir schwanden fast die Sinne, und ich hatte mich erst wieder in der Gewalt, als die Speisekarte kam, die ich studierte; dann besprach man sich mit dem Kellner, auch der des Weines kam mit seinem Atlas, rotes Maroquin, Goldaufdruck und innen alles goldene Preise. Ich sorgte dafür, daß drei Kellner ständig an unserem Tische zu tun hatten; der bartlose Unterwanderer freute sich, wie überhaupt wir, als er die Rechnung beglich, erkannten, daß wir von dem Betrag eine Woche üppig hätten leben können. Wer die kapitalistische Welt zerschlagen will, muß eben viel Geld haben, sonst kommt er unter die Räder. – Heute ist dieser Mann ein berühmter Gelehrter mit vielen Titeln, als Anarchistenforscher eine Weltautorität sonst aber ein untragischer Bürger, in einem hochkapitalistischen Lande, dem er keinen Steuerdeut hinterzieht. –

Der Bahnsteig belebte sich wieder, vermutlich waren neue Parolen ausgegeben worden, Wachen aller Art zogen auf, zuweilen warf irgend ein Offizier einen Blick in den Schankraum, stellte Fragen an den Kellner, die sich auf uns bezogen, wie ich den Gesten entnehmen konnte, und dann zog er wieder ab. Anders meine Fliegen, dic waren so dreist geworden, daß sie auf dem Tisch schon in ganzen Zügen einherspazierten und sich labten, ohne sich einschüchtern zu lassen. In dieser Beziehung waren sie für uns vorbildlich. Nur, als dann der Kellner wieder kam mit einer Handvoll Formularen, die er auf den Tisch warf, kriegten sie es mit der Angst, und auch uns war nicht wohl zumute. Die Fragebogen waren die üblichen Ermittlungsformulare, freilich den Verhältnissen eines Landes, das sich noch immer in einer Art privatem Kriegszustande befand, so angepaßt, daß die Ausfüllung besondere Umsicht erforderte. Da wir immer noch unsere verruchten braunen Pässe des Neuen Reiches hatten, wurde mir speiübel bei der Arbeit. Der Anarchist hatte es besser, er konnte sich kein Bett leisten und brauchte somit keine ebenso dummen wie gefährlichen Papiere auszufüllen. Daß die Pässe nur kurzfristig ausgestellt waren - auf drei Monate - diese Tatsache unterschlug ich. Ihr konnte jeder Grenzbeamte entnehmen, daß die Inhaber auf der Abschußliste der Nazis standen. Besondere Kennzeichen: keine? Ich erlaubte mir, als solche zu vermerken: aléman catolico, Katholischer Deutscher, so hatte man mich auf der Insel genannt; in den hohen Franco-Kreisen war das eine Empfehlung, die uns zwar der Verfolgung nicht entzog, als derselbe General Franco einige Jahre später die Macht an sich riß.

Unser Zimmer hatte die Nummer 7.

Der Mexikaner sagte, er schlafe irgendwo, auf einer Bank, auf der Erde, das Bündel unter'm Kopf. Der oben erwähnte Anarchist nordischer Artung schlief immer in den teuersten Betten und immer nur mit den teuersten Anarchistinnen. Als dann die Fliegen wieder kamen, stand ich auf, ging zur Theke und gab dem Schenk die Wische, - danke, sobald das Zimmer frei und gerichtet sei, sage er uns Bescheid. Die Yankees seien nämlich schon aufgestanden, - und wo unser Gepäck sich befinde?

„Ich lasse es sofort herbeischaffen, es steht draußen und wird, wie Sie ja wissen, bewacht."

Der Mann zog es vor, von all dem nichts zu wissen und verschwand diskret durch die Tapetentür.

Der Bahnhof von Medina del Campo zieht sich, wie gesagt, weit hin, eben weil der Ort ein Knotenpunkt ist, wo viel rangiert wird; die Stellwerke haben immer zu tun, wenn es auch so aussieht, als täte man nichts, wie überhaupt in Spanien es schwer ist auf Anhieb zu sagen, ob da oder dort gerade gearbeitet wird oder man einfach nichts tut.

In vergangenen Zeiten wurden in dieser Stadt Geschmeide geschmiedet für Könige und Granden, man webte feines Tuch und fertigte Brokate, auch für Könige, und eine Königin dortselbst sogar gelebt hat und deren Tochter, als wahnsinnig verschrien, was sie gar nicht war, eingesperrt wurde. Sie war mit ihrer Mutter, der Katholischen Isabella, so verkracht, daß die Königin sie durch ihre Ärzte in die Feste La Mota einweisen ließ, aus der sie dann auskniff, doch schon mit dem Namen Juana la Loca gebrandmarkt. Sie soll Stimmen gehört haben, solche der Liebe, ja, und sofort hieß es, sie sei verrückt! Auch Hitler vernahm Stimmen, die aber waren überirdisch und riefen ihn auf zum Kampf gegen das Volk Israel, worauf er den Spruch prägte, dem Millionen zum Opfer fielen: Indem ich mich des Juden wehre, kämpfe ich für das Werk des Herrn.

Heute werden dort Eisenbahnen repariert, Getreide wird zu allerlei Eßwaren verbacken, man siedet Seife, züchtet Rindvieh, macht Möbel und übt auch sonstigen Kunstfleiß.

In den Hauptgebäuden waren die üblichen Abteilungen untergebracht, ohne die kein Bahnhof, der größte noch der kleinste nicht, auskommt, - wozu sie alle aufzählen, ob ich auch in Medina Räume gesehen habe, die sonst auf Bahnhöfen nicht üblich sind; kurz, jedes gebrotete Gesinde hatte dort seinen Arbeitsplatz; über dem Eingang jeder Tür stand in großen Buchstaben, teils auch in Bildzeichen, die Befugnis vermerkt, der da drinnen Nachachtung verschafft wurde oder zumindest werden sollte.

Jetzt waren die meisten Räumlichkeiten sowieso vom Heerbann requiriert, den Franco dorthin verlegt hatte, seit Ribbentrop zu Verhandlungen nach Moskau geflogen und man mit dem Ausbruch des Hitler-Krieges rechnen mußte. Die meisten der Waffenleute waren jung, viele ihrer milchbärtige Anwärter auf die Kriegswürde eines Generals. Je jünger indessen die Schießbälge waren, je rascher hatten sie den Finger am Abzug, – gerade diese hatten während des Bürgerkrieges die meisten Opfer auf dem Gewissen. Das schoß auf Menschen, wie wir als Kinder mit der Luftbüchse auf Spatzen geschossen haben.

Eine Unruhe fühlte ich meiner mächtig werden, irgend etwas im Ablauf der Dinge schien nicht mehr zu stimmen, obwohl wir doch gerade jetzt mit dem Einbruch neuer Elemente in unseren so-und-so-vielten Flüchtlingstag rechnen mußten, das heißt: mit der kommenden Nacht in einem uns untersagten Bett!

„Beatrice, ich will noch selber einmal einen Blick auf unser Gepäck werfen, wenn ich alles in guter Ordnung antreffe, drücke ich dem Kofferwachhabenden wieder die Hand, die er dann sofort in die Tasche steckt. Fünf Peseten wirken immer noch Wunder, – immer noch? Heute mehr denn je, wo das Land verblutet ist und man dem Volke wohl Helden, aber kein Brot zu bieten hat."

Ich sah noch, daß der Anarchist den Finger auf den Mund legte, dann stand ich schon draußen.

Da ich Gegenstand eines Zerwürfnisses zwischen den hohen und höchsten Chargen der Standortskommandatur geworden war, hefteten sich sofort mehrere Bewaffnete an meine Fersen, dieweil ich mit gut gespielter Gemächlichkeit auf den Kofferposten zuging, der in einiger Entfernung von unseren Sachen Stellung bezogen hatte; auf sie aufzupassen, dafür bekam er ja seine Schmiergelder, doch mußte er andererseits so tun, als hielte er sie nicht im Auge, denn sonst wäre es ja aufgefallen, und wir wären allesamt geliefert, – eine verwickelte Situation. Ein Blick überzeugte mich, daß nichts fehlte, alles war so im besten Bewahr, – der Junge machte sich bezahlt, ich werde ihn reich entlohnen, nachher, ja, wenn der Kram auf Zimmer 7 geschafft wird. Der Wächter zwinkerte mir zu, das gute Einvernehmen herrschte nun mit dreien, was kann uns da noch geschehen, – es sei denn, daß mit zunehmender Mitwisserschaft sich auch die Gefahr vergrößere, verraten zu werden. Dann braucht man schon Riesensummen, nicht an solchen Klippen zu zerschellen.

Ich schritt den Bahnsteig einmal auf und ab, die Krieger hinter mir. Es waren der Posten mehr aufgestellt, auch hatte sich das Bild gewissermaßen landwirtschaftlich belebt. Eine Sau humpelte daher, wie wir ihrer Freiheit beraubt, nur auf andere Art. Die Vorderläufe waren mit einem zur Acht verschlugenen Seil so gefesselt, daß sie nur hopsen konnte, und an einem ihrer Hinterbeine war wieder eine Schnur, die in der Hand eines Bauersmannes endete, – ein Zug, und das Biest kommt zu Fall. Um die Aufmerksamkeit der Söldner von mir abzulenken, fragte ich den Bauer, ob das kapitale Schwein verkauft werde. Der Schweinehirt, mißtrauisch, weil die Soldaten sich nun auch der Sau zuwandten, entgegnete, verkauft sei sie schon, sie werde geschlachtet, aber erst in Salamanca, er sei nämlich im Schweinhandel und liefere sogar nach Portugal.

„Nach Portugal? da wollen wir ja auch hin, doch mir scheint, Schweine kommen leichter über die Grenze."

„Wenn Sie die richtigen Papiere haben, können Sie mit jedem Schwein jede Grenze passieren, es ist ja wegen der –"

Er kam nicht mehr dazu mir zu sagen, wegen was man als Sau über eine Grenze kann oder nicht kann, denn ein Offizier schritt auf uns zu, fuhr den Schweinehändler barsch an, er solle sich mit seiner Sau tummeln – was er doch gar nicht konnte – und mich ersuchte er, etwas höflicher, meiner Wege zu gehen. Die Soldaten strafte er mit einem auffahrenden Blick. So erhielt jeder seinen Verweis.

Ich wagte nun nicht mehr, mir eine Bauersfrau näher anzusehen, die eine Koppel Hühner an Schnüren hielt, als sei es ein befiederter Rattenkönig. Als Hauptfessel diente ihr ein Stock, und sie hatte die größte Mühe, die gackernde Schar im Zaum zu halten. Etwas weiter erblickte ich einen Kistenverschlag mit Kaninchen, doch als ich ihn näher ins Auge nahm, sah ich zugleich, allum, daß man einen so neugierigen Fremdling, der bereits übel aufgefallen war, bespähte. Das war mir unangenehm, fast schon unheimlich. So schlenderte ich um das Bahnhofsgebäude herum auf den Steig, der wohl nur dem Güterbetrieb diente und einem kleinen Nahverkehr, und von dort, durch eine Art Unterführung, die ebenerdig und auch bewacht war, gelangte ich auf den Vorplatz der Station.

Schwalben, so groß wie ich sie noch nie gesehen hatte und sie auch im Großen Brehm von 1913 nicht aufgeführt werden, hier waren sie in der Luft, zu hunderten, auch wohl tausend, der flimmernde Himmel war von ihrem zwitschernden Singflug wie bebend erfüllt.

Ihre Nester, unter den Kragsteinen des Gebäudes angemörtelt, war das einzig Schöne und wirklich Kunstvolle an dem ganzen Knotenbahnhof. Da ich aber gen Himmel blickte, an allen Vorgängen der Natur von Kindesbeinen an gefesselt, vor allem am Menschen selbst, der mir immer mehr als eine Fehlverpuppung vorkommt, muß das der Meute, die mir aufsaß, als verdächtig vorgekommen sein: was konnte der im hellen Tag da oben schon zu suchen haben? Flieger? War er wohl gar ein Spion? Sofort spähte einer vom Kommando mit seinem Feldstecher den Himmelsbereich ab, der sehr eng war, denn alles war mit Bauten umstellt, - einen kriegslistig-vernünftigen Horizont mit der darüber aufgespannten Himmelskugel bekam er nicht ins Fadenkreuz, zudem störten die Schwalben die freie Einsicht in eine mögliche Gefahr. Man besprach sich, und ich merkte, daß ich nun unter schärfstem Verdacht stand. Der Trupp kam auf mich zu. Ich wandte mich, winkte aber noch den Schwalben.

Ein Regime, das nur aus der Gewalt lebt und einzig vom Faustrecht, kann jedem gefährlich werden, der sich frei bewegt. Frei mich zu bewegen, war mir überhaupt schon untersagt, zu weit war ich von der Bannstelle abgewichen, ich ging zurück, mein Unbehagen verstärkte sich: der Mann vorhin sollte sich mit seiner Sau davonmachen, ich sollte desgleichen mich trollen, das Schwein war gefesselt, mit Schnüren, es mußte in Salamanca geschlachtet werden. Meine Fesseln waren die ungeschriebenen Gesetze des Standrechts, das in den wieder begonnenen Kriegsläufen erneut gelten mochte, und so konnte man mich leicht ins Jenseits befördern.

Ein paar Hunde kläfften, Tauben hatten es hier gut, wie überall, wo man ihnen nicht nachstellt, - aber stellte man mir denn nach? Ich hatte die Rechte in der Hosentasche und klimperte ein wenig mit den Silberlingen: Geld war jetzt unsere einzige Gegenwehr.

Ein Schuhputzer bot mir seine Dienste an, die Brust des Tapferen war mit buntem Ehrenblech vollgespickt, aber Beine, die hatte er nicht mehr. Er war auf einem Brett festgeschnallt, das auf Röllchen lief, eine ebenso primitive wie sinnvolle Bastelei, die ihm ermöglichte, Stiefel zu wichsen, Kästen rechts und links, der Vordersteven zum Aufsetzen des Fußes, - er arbeitete also gegen die Hand. Mit lederbewehrten Handflächen schob er sich vom Platz. Ich mußte auf der Hut sein: wenn ich ihm eine Münze zuwerfe, ist er gedemütigt. Kriegskrüppel, auf den tätigen Bettel angewiesen, sind beilange noch keine Bettler, ganz gleich, ob sie nun Schuhe putzen, Schnürsenkel feilhalten oder überhaupt nichts als eine leere Hand vorzuweisen haben, falls ihnen solche Gliedmaßen verblieben sind, niemand hilft ihnen, nicht einmal der Liebe Gott. Gehen sie nämlich, sagen wir als Verband der Kriegsverstümmelten zuwerke und bringen das Geld auf für eine Wallfahrt zu einer Gnadenstätte, Fatima, Kevelaer, Lourdes oder Moresnet, dann stellt sich obrigkeitliche Gewalt den Heldenkrüppeln in den Weg und verbietet die Pilgerung, so wie sie von der Obrigkeit geahndet worden wäre, hätten sie sich geweigert an der Kriegsfahrt teilzunehmen, die sie zu Krüppeln gemacht, - ich beziehe mich da auf einen historischen Vorfall, der sich kurz nach dem Wilhelminischen Kriege in Paris abgespielt hat.

Meine Schuhe glänzten schon seit Tagen nicht mehr, - wie hätte ich sie auch blank halten können! Nehme ich aber nun die Dienste des Verstümmelten in Anspruch, verliere ich Zeit: das war's, was mich wie auf den Plotz überkam, die Zeit begann mir zu drängen, warum diese Not? Eben, ich sah plötzlich den Bahnbereich mit anderen Augen. Jeder gemeine Soldat war wieder ein Kommandeur, jeder zerlumpte Bahner ein Vorsteher seiner Bahn, jeder Polizist ein Henker mit Haftbefehl und Mordpatent, jeder Arbeiter, - aber sollten auch sie zu Mordbuben aufgerückt sein, - kurz, der Bahnsteig vermochte kaum die würgenden Gestalten, Figuranten meiner aufziehenden Panik, zu fassen; und an Mauern lehnten Gewehre, Karabiner, Mauser, Wall- und Donnerbüchsen und was sonst an Handwaffen aller Zeiten sich da ein Stelldichein gab. Bajonette waren aufgepflanzt, man trug Dolche zum Nahkampf, Morgensterne; die Lanze, Keule und Steinbeil des Vormenschen, jedes Gewäff konnte jeden zur Strecke bringen, der wem immer verdächtig erschien.

Erschien nun ich dem weibelnden Troß als eine Gefahr für den so mühsam erkämpften Frieden des Franco-Reiches, der ein Scheinsieg war, da es den wahren Frieden einzig auf der Untermauerung des täglichen Brotes gibt, was wiederum kein Diktator seinen Unterjochten verschaffen kann? Waren all der Kämpen Blicke auf mich gerichtet? Verfiel ich einem Sinnentrug, wie der Knabe, der übers Moor geht, wo es wimmelt vom Heiderauche, - und werden, statt der Blicke, Läufe auf mich gerichtet? Ein Stoß ins Horn, ein Pfiff, und los geht die Knallerei. Eile, Vigoleis! Aber Vigoleis geht keinen Schritt schneller, hinter ihm bricht die Zeit zusammen, die ihm die Kugel erspart hat, vor sich hat er die Zeit, deren Augenblicke einer sein kann, der ihm die Kugel anträgt. Ist die Zeit des Schreckens meßbar? Langsam, da Eile geboten ist und du nicht auffallen darfst.

Irgendwo stieß ich auf die kleine Sau-Seilschaft, ich meine den Bauern, der sich mit seinem Schwein abzuplagen hatte, weil das Schwein ihn selbst, zurecht, nicht übel plagte; und grunzend beide. Dann kreuzten die Nonnen meinen Weg, in ihrem fromm-sinnigen Schreiten fern aller Welt; nur ihrer eine warf mir einen Blick zu, so feurig, daß mir ward, als habe der Himmel selbst eine Blitzlichtaufnahme von mir gemacht, die ich nicht einmal in mir entwickeln konnte, so wie ich nun in mein Zeitmaß gestellt war. Weiter vorne - oder hinten, auf Bahnhöfen weiß man ja nie wo vorne und hinten ist, was immer wieder zu Zusammenstößen führt, also weiter oben oder unten stand die Frau mit den an ihrer langen Rute angeläuferten Suppenhühnern, die sich zankten in der zunehmenden Verstrickung, daß die Federn nur so stoben, statt die Bäuerin dadurch in Verlegenheit zu bringen, indem sie alle zugleich aufflögen und hinauf in die Lüfte: vor Schrecken entglitte der Stab ihrer Hand, und wir hätten das schöne Schauspiel, das man auf Jahrmärkten zuweilen sieht, wenn dem Manne mit den Luftballons die Schnur entgleitet; es ist sein Ruin, aber die helle Freude der Jugend. Und du, Vigoleis, verlierst nun selber wieder den Faden, an dem deine Erzählung hängt, in diesem besonderen Falle sogar dein und deiner Beatrice Leben. Wie geht das nun weiter, - wir wollen es hören.

So denn: Als am letzten Tage des Monats August 1939, so gegen die neune, Vigoleis vom Grauen gepackt wurde auf der Bahnstation von Medina del Campo, der „Stadt auf dem Lande“, denn Medina bedeutet soviel wie Stadt, das Wort stammt aus dem Kelt-iberischen, und im Schatten gleichsam der Feste La Mota, die das Symbol der iberischen Verrücktheit schlechthin ist, dachte er nicht, wie komme ich aus dieser ganzen Verhexung heraus, vielmehr fiel ihm Schopenhauer ein, der, selbst ein erfahrener Angsthase, viel über die Angst nachgedacht hat, deren Kennzeichen ihm zufolge darin bestehen, daß sie zur Not die Furcht selbst als Grund der Furcht geltend macht. Man sieht, wie sich die Grenzen zwischen Angst und Furcht verwischen, ein beliebtes Doktorthema, vor dem manchem Doktoranden graust.

Vigoleis klimperte weiter mit den rettenden Deuten in seiner Hosentasche, wie etwa der Fürchtling im Walde flötet, die Gespenster zu verscheuchen, oder der Held in Gides „Falschmünzer", also der Dichter selbst, einen Zahnstocher klaut und auf ihm herumkaut, daß es ihm eine unbefangene Haltung gebe, - und so ging ich jetzt, gemächlich-geweisten Schrittes wieder auf den Eingang des Bahnhofshotels zu, nicht ohne Würde, bitte, so als ob ihn vor nichts schrecke, und ich betrat das Lokal, begab mich an den Tisch, da saß meine Beatrice, die sich von dem Gefährten etwas erzählen ließ; vermutlich hielt er ihr ein Privitissimum über brotlose Anarchie.

Wenn sich Vigoleis den Magen verdorben hat, sieht ihm seine Beatrice das an, lange bevor er selber das Grimmen und die Übelkeit verspürt, so sehr versteht sie die Kunst, in seinen Zügen zu lesen, wie sie ja auch aus der Hand wahrsagen kann und ein Gewitter Stunden zuvor anzeigt, ehe noch ein Wölkchen am Himmel sie auf das kommende Unwetter vorbereitet. Darum wunderte er sich gar nicht, als sie, kaum hatte er Platz genommen, erschrocken sagte: „Wie siehst du nur aus? Hat man uns das Gepäck doch noch gestohlen?"

Der Gedanke an einen Diebstahl lag nahe. Der militärisch aufgemöbelte Pöbel bestand ja zum größten Teil aus den schon geschilderten Hungerleidern; ein jeder, selbst ein General, selbst der Vorsteher dieser ganzen Bahnerei, alle waren sie des Raubes fähig, - es wäre Mundraub gewesen und ich hätte als erster auf mildernde Umstände angedrungen, nein, auf Freispruch schlechthin. Alle Diktatoren erziehen das Volk zu Freveltat, Unterschleif und Verluderung, es ist ihr Lebensgesetz, von dem die Weltgeschichte keine Ausnahme zu vermelden hat, – mit einem Wort, ich war bleich geworden. Der Mexikaner machte sich an seinem Bündel zu schaffen, die Schwäne verhielten sich teilnahmslos, der Künstler hatte ihnen keine Seele eingehaucht, sonst hätten sie an unserem Schicksal teilnehmen können, wie jedes wahre Kunstwerk immer wieder neu in uns ersteht.

„Nein, Beatrice, der ganze Kram steht noch an der Mauer, der Bursche paßt sehr scharf auf, ohne daß man es ihm anmerke, aber leider passen auch die anderen sehr scharf auf, und denen merke ich es an, sie behalten uns im Auge, auch da, wo sie uns nicht sehen können, und das ist der Grund, daß ich hier nicht länger bleibe. Wir fahren ab."

Nun denkt der wohlmeinende Leser, Beatrice habe diesen und jenen Anstand gemacht, Einwände erhoben oder auch nur die berechtigte Frage gestellt: wie man denn von hier fort könne, mit dem nächsten Zug nach Madrid etwa oder gar zu Fuß, oder wie immer man das Weite suchen wolle. Nichts sagte sie, was gut war und mir alles erleichterte. Ich faßte die Entschlüsse, was ich immer tue, wenn mir die berühmte innere Stimme sagt: jetzt kommt alles auf dich an. Hätte Beatrice auch nur die kleinste Bemerkung gemacht, eine Frage gestellt, ich hätte gewußt, daß ich einem Hirngespinst zum Opfer gefallen sei. So wußte ich, daß mein Triebapparat noch die richtigen vorwarnenden Impulse auslöste.

Ich bat nun den Mexikaner, eben zuzuhören, denn was ich zu sagen hätte, gehe auch ihn an: nämlich das Getrupps allüberall sei gefährlich, jeden Augenblick könnten Schüsse losgehen, man werde uns an die Wand stellen, nicht damit wir wieder daständen, wo wir hingehörten, sondern im klassischen Sinne des deutschen Begriffs – den er übrigens kannte – und das Ende vom Liede sei das Jenseits. So sei ich denn fest entschlossen, mit einem Taxi nach Portugal zu fliehen.

Fragende Augen, doch kam ich den Fragen selbst zuvor, indem ich sagte: „Ja, Flucht!“

Beatrice sagte darauf nichts, der Mexikaner sagte nichts, und auch das war wieder gut; so brauchte ich das Grauen nicht an die Wand zu malen, zumal ja schon übergenug von der Lunte am Pulverfaß die Rede gewesen ist. Zudem kam eben der Kellner wieder aus seinem Versteck zum Vorschein und meldete, so über die Theke hin, die Betten seien gerichtet, ob er unser Gepäck auf's Zimmer schaffen könne?

Er möge, wies ich ihn an, unsere Sachen vorerst einmal vom Bahnsteig hereinholen, und dann bäte ich ihn, uns ein Taxi zu bestellen, wir hätten beschlossen, abzureisen.

„Sie wollen fort? In die Stadt etwa? Hier bei uns sind Sie auf's beste aufgehoben, meine Herrschaften, bitte, kommen Sie mit mir, überzeugen Sie sich selbst, – wir sind ein Haus erster Klasse, wir stehen im Bädeker!“

„Wir wollen, guter Freund, weder in die Stadt noch sonstwo erstklassig aufgehoben sein, sei es denn in einer Kraftdroschke, die uns so rasch wie möglich nach Portugal bringt. Wir haben ja, wie Sie alle hier wissen, den Anschluß an den Lusitania-Expreß verpaßt, ich aber bin an Abmachungen gebunden, die wichtig sind, ich werde alles tun, die Termine einzuhalten, – tun Sie das Ihrige.“

„Nun, mit einem Taxi –“

„Wie Sie sagen, wir brauchen ein Taxi.“

„Mit einem Taxi an die portugiesische Grenze zu fahren, das, mein Herr, kostet Sie –“

„Ich weiß, was jetzt kommt, – *un ojo de la cara* . . .“

„Ja, genau das, ein Heidengeld, und immer vorausgesetzt, daß man einen Wagen auftreibt. Man hat uns doch alles kaputtgeschossen.“

„Auch das weiß ich, aber die Schwäne da, die haben den Sturm überlebt, so wird es auch ein Taxi geben – und bitte, dieses Heidengeld, schätzungsweise wieviel?“

„Na, sagen wir 4 oder 500 Peseten, es muß ja schon ein tüchtiger Wagen sein für so eine lange Fahrt. Aber halt, ich kenne da einen, der hat eine Luxuslimousine, in der er schon den Caudillo gefahren hat, in Salamanca, ja, den kenne ich. Aber auch diese Karre hat was abgekriegt.“

„Na gut, alter Freund, wer leidet keinen Schaden in Zeiten, wo alles aus den Fugen geht. Doch ehe wir noch größeren, selber, erleiden, müssen wir fort. Besorgen Sie uns darum den Wagen, in dem Franco sich hat herumkutschieren lassen, ein welthistorisches Vehikel.“ Und statt nun noch zu sagen, es solle sein Schaden nicht sein, hielt ich ihn gleich mit 2 Duros schadlos. Sofort holte er einen Mann herbei und gab den Auftrag weiter. Diesem, dem Boten, händigte ich für alle Fälle schon einmal einen meiner spornenden Dukaten aus.

Nun meldete sich der Mexikaner zu Wort: Mit unseren Salvoconducten könnten wir ja nicht quer durchs Land fahren, die erstbeste Straßenstreife würde uns aufgreifen und der Falange oder der nächsten Polizei überantworten, so daß wir, zu guter Letzt, hier auf dem Bahnhof, wo man einen gegen den anderen ausspielen könne, immer noch am sichersten seien.

Ob er das so genau wisse, die Streifen, die Fahndungspatrouillen?

Ja, das alles kenne er, er habe seine Erfahrungen.

Er mochte recht haben, doch ließ sich wegen der fatalen Passierscheine irgend etwas drehen mit dem Bahnhofskommandanten selbst, oder man mache sich an einen anderen Bevollmächtigten heran, mit einer Handvoll Duros. Bestechungen sind immer eine Frage des Taktes, dazu ein bißchen blindes Glück und ein guter Stern.

Der Kellner schwenkte seine Serviette, – ha, man habe das betreffende Fuhrwerk aufgetrieben, der dazugehörige

Fahrer werde noch gesucht, in den Kaffeehäusern, wo er reihum zu finden sei. Er sei jedenfalls herbestellt, es eile ja.

Nun war ich ganz gefaßt; gebannt war die Panik, ich konnte handeln, und so ging ich hinaus und hatte bald schon meinen Helfershelfer erwischt. Mit Hilfe der laterna magica der Wundermünze erklärte ich ihm unser Vorhaben, sagte ihm auch, daß ein welthistorischer Wagen zur Reise bereit sei, wo er eigentlich längst auf einem Friedhof zu stehen hätte, doch seien die spanischen Friedhöfe für andere Zwecke reserviert, und ob er mir gefälligst sagen könne, welcher Offizier oder höhere Kanzleibeamte für die Passierscheine in Betracht komme, - ich machte die entsprechenden Fingerbewegungen. „In Betracht", entgegnete der Zwischenträger verschmitzt, komme nur ein gewisser Kommißhengst, der dem Geheimagenten spinnefeind sei, - eine dustere Sache!

„Je dunkler, um so besser, aber, - hat er denn Befugnisse, ich meine ausreichende?"

„Menschenskind! Sie sind gut! Hier hat doch jeder seine Machtvollkommenheit, und wer keine hat, maßt sie sich an. Sie brauchen ja nur ein paar Stempel, kommen Sie."

Bevor wir in die Amtsstube eintraten, sah ich, daß man unser Gespräch überlauerte, was mich übrigens ungeschoren ließ, ich hatte mir nämlich eine Fabel zurechtgelegt: mir war der Feldgeistliche eingefallen, der ein Kind den Zug entlang getragen, auf der Suche nach den Eigentümern des Findlings.

Unter der Tür hob mein Begleiter drei Finger.

„Was, drei?"

„Duros", er flüsterte das Zauberwort, lachte, dann öffnete er die Tür, und schon standen wir vor dem eingeschworenen Feinde des Mannes, der mir immer empfindlicher auf der Tasche zu liegen kam.

Mein erster Eindruck war: bei dem kommst du mit drei Duros nicht weit, falls der sich überhaupt auf kleine Bestechungen einläßt.

Beim vorbedachten Weg über den Feldgeistlichen entschloß ich mich für die halbe Wahrheit.

Der Offizier trug, wie alle anderen, Ordensbänder auf dem Waffenrock, den er trotz der Hitze anbehalten hatte, ein Zeichen, daß er etwas auf sich hielt. Den Arbeiter bat ich, draußen auf mich zu warten, da ich seiner Hilfe noch bedürfen werde.

Der Offizier, der uns fragend angeblickt, horchte auf, sagte aber nichts.

Nun legte ich ihm unsere Pässe - deutsche, ich muß es nochmals wiederholen - und die vertrackten *Salvoconductos* vor und bat ihn, er möge, kraft seiner allerhöchsten Befugnis, die Beschränkung aufheben und uns freies Geleite zusichern für eine Fahrt mit dem Taxi bis an die portugiesische Grenze.

Er studierte die Pässe, eingehend, dann die Passierscheine, mit denen er vertrauter war, und schlug den Blick zu mir auf, es war ein forschender Blick, dem ich standhielt.

„Das, mein Herr, ist ein ungewöhnliches Ansinnen, welches an mich zu richten Sie sich erkühnen. Ich weiß, daß Sie und Madame - wo ist sie übrigens?"

„Madame befinden sich im Speiselokal des Bahnhofshotels, soll ich sie holen lassen? mein Bursche wartet draußen."

„Bitte nicht, - also ich weiß, daß Sie beide unter Aufsicht stehen und auch möglicherweise morgen den Bahnhof nicht werden verlassen können; und daß Sie in dem betreffenden Lokal sich verbotenerweise aufhalten, ist mir auch gemeldet worden." Bei diesen Worten zeigte er auf einen Stoß Papiere, die an einem Fleischerhaken neben ihm an der Wand hingen.

Da ich die Dienstgradabzeichen der spanischen Armee nicht kannte, redete ich den Offizier mit Euer Exzellenz an, und begründete mein Ersuchen: Ich hätte es eilig, sei in einem besonderen Auftrage unterwegs, jede Verzögerung könne schwerwiegende Folgen haben.

„Warum?“ fragte der Offizier, indem er die Pässe und *Salvoconductos* nochmals flüchtig prüfte, „haben Sie das nicht dem Agenten des Zuges gesagt, der Sie uns zur Bewachung unterstellt hat?“

„Das, Ew. Exzellenz, konnte ich nicht, da mir der Herr keine Gelegenheit gab, ihn unter vier Augen zu sprechen.“

„Haben Sie ihn darum gebeten?“

„Auch das nicht, Exzellenz, denn er schien mir nicht der Mann zu sein, dem ich das hätte anvertrauen können, was mich zu Ihnen führt.“

Exzellenz räusperte sich, immer forschend der Blick dieser alten Kriegshaut, denn er war nicht mehr der Jüngste.

„So befinden Sie sich in einer besonderen Mission, Sie haben, habe ich Sie recht verstanden, einen Auftrag auszurichten?“

„Tatsächlich reise ich, in Begleitung meiner Gattin, wie Sie sehen“ - ich wies auf den Paß - „in Ausübung einer nicht alltäglichen Bestallung.“

„Sie sind Deutscher, vermutlich also im Dienste Ihres Führers oder in einer Angelegenheit unterwegs, die das Dritte Reich betrifft?“

„Mitnichten, Ew. Exzellenz, meine Sendung ist höherer Art, sie gilt ...“

„Na, das soll mich denn wundernehmen, sie gelte?“

„Sie gilt, Exzellenz, dem Völkerfrieden und hat, sei es auch indirekt, mit dem Heiligen Stuhl zu tun.“

„Mit dem, bitte, Sie meinen den Papst?“

„Ja, Heiligkeit Höchselbst.“

Dem Offizier ward es blümerant in seinem feschen Waffenrock mit dem vielen Gold, während ich in die rechte Rocktasche griff, - nun begann ein wirklich satanisches Spiel mit einem Dokument, dessen ich mich während des Bürgerkrieges auf der Insel Mallorca wiederholt bedient hatte, nämlich: eine lateinisch abgefaßte handschriftliche Petition meines bischöflichen Onkels, des

Inhaltes, daß man mir zu Studienzwecken die kirchlichen Archive und Bibliotheken zugänglich machen möge; mit Hinweisen über meine Person, geschrieben und gesiegelt zu Münster von Ohme Schang, das ist Dr. der Theologie Johannes Scheifes, Weihbischof, Domdechant und Titularbischof von Cestrus, am 30. August 1931, und gegengezeichnet, am 4. September desselben Jahres, handschriftlich, desgleichen lateinisch abgefaßt, und gesiegelt vom damaligen bischöflichen Erzbischof von Mallorca, Joseph, Archiepiscopus - Episcopus Maioricensis, - die Hand des Onkels klar und fest in der zeitgenössischen Rundschrift mit Soennecken-Feder, und die winzige, spinnenzittrige des Erzbischofs der Balearen, das Ganze unterfertigt mit dem langgezogenen Schnörkel, der klassischen spanischen *rubrica.*

So denn holte ich das *argumentum ad probationem* aus der Tasche und überreichte es seiner Exzellenz.

Diese zog die Brauen zusammen, dicke Wülste, las den Text und verhielt aufmerksam beim *„Quantum ad Nos attinet“* des Erzbischofs von Palma, als Dom José Miralles y Sbert übrigens damals schon ein namhafter Latinist.

Mit unverhehltem Unmut legte er dann das Dokument auf den Tisch, wobei er abfällig bemerkte, das sei ja Latein.

„Ja, die Sprache der Kirche, Exzellenz. Sie haben den Inhalt zur Kenntnis genommen?“

„Nein, mein Herr, ich habe mein Latein längst verlernt, ich bin Soldat!“

Natürlich, fuhr es mir durch den Kopf, wer die Waffen sprechen läßt, ist auf keine andere Sprache angewiesen, indes sagte ich, ohne einen Gran von Befangenheit, so leichthin:

„Wenn Ew. Exzellenz dann gestatten, will ich das Schriftstück Exzellenz gerne übersetzten, - doch nein, darf ich vorschlagen, daß Ew. Exzellenz den Feldgeistlichen zuziehen, damit alles seine rechten Wege gehe, -

es handelt sich um ein gewissermaßen kirchenamtliches Dokument, - Monseñor ..." Der Offizier nickte zustimmend und klatschte seinen Burschen herbei: Man möge Seine Hochwürden den Divisionspfarrer bitten, sich zu ihm zu bemühen.

Zunehmender Lärm, der von draußen in die Amtsstube drang, ließ auf eine größere Betriebsamkeit auf den Bahnsteigen schließen, im Zimmer indes blieb alles still, nichts wurde gesprochen, bis auf einmal der Offizier das Wort an mich richtete: Was denn eigentlich das Ziel meiner Reise sei, wo ich hinwolle.

Bin ich rot geworden, als ich so mir nichts dir nichts aus meinem Halse herauslog?

„Ich begebe mich, Exzellenz, zu keinem geringeren als Seiner Eminenz dem Kardinal-Patriarchen von Lissabon, Dom Manuel Gonçalves Cerejeira" - zum Glück wußte ich den Namen dieses portugiesischen Kirchenfürsten, und nun Glückauf: alles stand, wieder einmal, auf dem Spiel.

Nach einer Weile meldete der Bursche den geistlichen Herrn, der von einem hohen Offizier begleitet war.

Auf den Ärmelaufschlägen der Uniform des Geistlichen, die sich in nichts von der der anderen Offiziere unterschied, glitzerten vielstrahlige goldene Sterne, nur auf den Kragenspitzen des Waffenrocks erglänzten, in Silber, auf den übereckten rotfarbenen Rhomben die Insignien der Kirche, das lateinische Kreuz.

Die Exzellenz hatte sich erhoben, beide Offizier tauschten ihre üblichen Grüße aus, während der Feldprediger zu allen sagte, indem er zwei segnende Finger hob: *„Pax huic domui."* Da niemand antwortete, war mir das doch zu dumm, und ich respondierte mit dem üblichen: *„et omnibus in ea habitantibus"*.

Eine Vorstellung konnte nicht stattfinden, da die Lage dafür zu verzwickt war, und amtlich wäre das auch wohl nicht angebracht gewesen.

Mit einem Blick verständigte die Exzellenz den Begleitoffizier, er könne sich entfernen; dann er suchte er den Militärseelsorger, den man im Wilhelminischen Kriege kurzweg den Bibelhusar nannte, Platz zu nehmen. Alles war sehr feierlich, mir gefiel das ganze, ein guter Anfang, dachte ich; und des weiteren schloß ich aus der zuvorkommenden Art der Exzellenz, daß Exzellenz kein Pfaffenfresser sei, - doch ehe Monseñor sich setzte, begrüßte er mich, wortlos, aber mit den segnenden Fingern, worauf ich mich verbeugte mit dem Erweis: *„Salutatio mea in nomine Domini."* Aus meiner Meßdienerzeit hatte ich noch so manches behalten.

Die Exzellenz erklärte nun dem Vikar den Sachverhalt, den er ebensowenig begriff wie ich selbst, doch lief alles ohne verfängliche Zwischenfälle ab: Hochwürden seien gebeten, ein lateinisch abgefaßtes Breve zu übersetzen und zu begutachten, und, auf mich weisend, fügte er hinzu, der Herr habe eine Mission zu erfüllen, sei aber im Grunde auf dem Bahnhof bis auf weiteres festzuhalten.

Der Priester legte sein Soldatenbarett - dreihornig, er war also Doctor der Theologie - und das ziemlich abgegriffene Brevarium auf den Tisch, setzte sich umständlich eine goldene Brille auf und wendete erst einmal das Schriftstück hin und her, wobei er mich fragend ansah, und fragte dann rundheraus den Offizier, ob der Inhaber dieses Breves wirklich unter Arrest stehe?

Der Offizier, der übrigens weniger schöne und gepflegte Hände hatte als sein Bibelhusar, nickte dem kirchlichen Feldkameraden zu, ohne daß er ein Wort hätte verlauten lassen über die Lage, in die wir geraten waren, und das war klug, denn er wußte ja nicht, was alles in der Urkunde über mich stehen konnte.

Hochwürden machten sich dann ernstlich daran, den Schreibebrief, ihm als Breve dargeboten, zu lesen, und er tat es fast schülerhaft oder doch so, wie man es oft bei Leuten antrifft, die des Lesens ungewohnt sind, also mit halblauter oder gar lauter Stimme. Freilich handelte es sich hier um einen lateinischen Text, in den der Geistliche sich trotz allem ein wenig einlesen mußte. Sein Brevarium Romanum Ex Decreto Sacrosancti Concilii Tridentini kannte er auswendig, - gewisse Wendungen in der Epistel des deutschen Weihbischofs bereiteten ihm Schwierigkeiten, und bei einer jeden solchen Stelle machte er sich an der Brille zu schaffen, hielt den Brief von sich ab, schloß dann die Augen, weil er wohl sein Schul-Latein memorierte, das ja nicht wenig abweicht vom Curialstil, zu dessen Kultgebrauch er erzogen worden war. Solche Passagen sagte er sich immer wieder auf, konjugierte rasch ein Verb durch, dann hatte er den Dreh heraus, und es leuchteten seine Augen, als habe der Geist ihn erhellt.

Hie und da war ich versucht, ihm das Stichwort zuzuflüstern, so wie man in der Schule dem Vordermann einsagt, denn ich selber kannte den Wortlaut auswendig; dies aus dem einfachen Grunde, weil ich mir das ganze ipsis verbis eingepaukt hatte, für den Fall, das wichtige Dokument könne mir abhanden kommen. Abschriften, deren ich mehrere gemacht, sind auf den Fluchten tatsächlich, in Büchern und Manuskripten geborgen, verloren gegangen; indes ich bezwang mich, den Mann der Kirche nicht vor dem Manne des Staates bloß zu stellen, - es ging ja darum, den einen gegen den anderen auszuspielen.

Der uns zum Bürgen gesetzt, dem wurde die Sache allmählich lästig, ja ärgerlich; mit sichtlichem Unbehagen rührte er sich auf seinem Sessel, blieb aber immer die steife Exzellenz, die weiß, was sich gehört vor Gott und Vaterland. Gierig äugte er nach einem Kreuzworträtsel und verfluchte in seiner Seele uns, die wir ihm weitere Rätsel aufgaben, solche, wie sich zeigen wird, für die es keinen Leifaden gibt. Zusätzliche Schwierigkeiten bereiteten dem Doktor der Theologie die redliche Wiedergabe der in Ziffern angeführten Daten, der 30. August 1931 etwa, - bei Gott, ich hätte da auch noch zu knacksen gehabt mit dem *diē tricesimo Augusti anno domini millesimo nongentesimo tricesimo primo.*

Diese humanistische Bildungsweltplage mit dem römischen Kalender hat schon manchen Lateiner zur Verzweiflung gebracht, Schüler wie Pauker, und heutigen Tages ist es leichter, einem Sextaner klar zu machen, wie ein Menschenkind hergestellt wird, als ihm beizubringen, daß das Jahr der alten Römer ursprünglich nur 10 Monate umfaßte, – und dann das verplumpende Getue mit den Nonen, Kalenden und Iden, wo man ja eigentlich nur ein wenig Ordnung schaffen wollte in dem so unordentlichen Umlauf der Gestirne, dazu die rechnerisch unbotmäßige Maßnahme, daß man bestimmte Daten einzig durch Subtraktion, Addition und Multiplikation vorhandener Ergebnisse ausfindig machen konnte, und es kommt dann meist doch der falsche Tag heraus, – da ist die Komputatio des Osterfeiertages der frühen Christen – als Osterfeierstreit der Kirchen eines der unrühmlichen Blätter ihrer Geschichte – fast ein Kinderspiel zu nennen, in dessen Mitte der Todestag des Erlösers stand. Ach, laßt uns schweigen von den verbissenen Kämpfen, die derwegen ausgetragen wurden, heute reißen wir ahnungslos ein Kalenderblatt ab, und siehe: morgen steht der Herr von den Toten auf, – wo man dachte, das sei erst viel später oder überhaupt schon längst verstrichen; damals zog man blank der Toten so viele, daß die heiligen Bücher auch deren Zahl so wenig angeben können wie den wievielten, an dessen Tag wir den sovielten schreiben. Freilich treten jetzt die nach den Osterprügeleien benannten elektronischen Apparate, die Computer, ins Spiel und es kommt zu noch ganz anderen Verwirrungen, – zum Beispiel die – ich beziehe mich auf Geschehenes – daß der Apparat die Auferstehung des Herrn rundheraus abstreitet: hat es nie gegeben, oder findet erst . . . und so weiter.

Immerhin klügelte sich der Heeresvikar nicht all zu schlecht durch das Kalendergefibel hindurch; ja, der Krieger merkte es nicht einmal, wie schwer das seinen Seelsorger anging, wo er selber jeden Augenblick mit der eigenen Klausewitzerei als Rüstzeug wider den Feind auf die Kapelle genommen werden konnte, - vielleicht sogar in der Angelegenheit, die uns beide zu ihm geführt.

Überdem Monseñor sich durch den Text der kirchlichen Onkelmitgift durchgelotst, und das Blatt mußte gewendet werden, worauf, rechts unten und mit einem Pfeil versehen, das Wörtchen *Pal* hinwies.

Also getan, kam auf der Rückseite die Ergänzung ihm zu Gesicht, *mae,* und im weiteren eine neue Hürde im verfluchten Kalendergewese der alten Römer, deren einer übrigens Christus hat ans Kreuz schlagen lassen an einem Tage, den wir aus den oben angeführten Gründen nie erfahren werden. Das Datum ersparte er sich, wendete sich aber nun der Exzellenz zu und las ihr vor, mit lauter Stimme, was da noch stand, das wichtige nihil-obstat: *Quantum ad nos attinet, annuimus ect. etc.,* dann hielt er ihm das Schriftstück hin, deutete auf die Unterschrift, der das bischöfliche Kreuzeszeichen voranging, Schnörkel, das violette Signum: und fertig war die Laube!

Soll ich nun das tun, was Monseñor hätte tun müssen, nämlich den Text auch übersetzen? Viele meiner Leser werden nie eine Lateinschule besucht haben, andere, in der Jugend begünstigt, haben diesen Lehrstoff gleich wieder fallen lassen, und den meisten geht es wie unserer Exzellenz, dem die Feim seiner höheren Kriegstüchte die Sprache Caesars buchstäblich erwürgt hatte. Andere kennen sich im antiken Latein noch aus als Forscher oder sonst ihres Berufes wegen, und denen wird es blümerant, wenn sie merken, wie ich, Vigoleis, der Ritter mit dem Rade, den Offizier genasführt habe. Ich lasse da die Offenheit in dem Sinne walten, daß ich alles offen lasse - wir ziehen uns aus dem Sunk des Truges zurück, alles angeschienen vom fahlen Schimmer der Blut- oder Lebenslampe, von der die Alchemisten ehdem soviel Aufhebens gemacht, - hier wäre eher ein Ewiges Licht am Platze gewesen.

Stumm blieb die Exzellenz, nicht das mindeste Aufgehebe über diesen militärisch immerhin ungewöhnlichen Vorgang; einzig seine Schnurrhaare, deren er wenige hatte, zitterten, und wo Gott, beim Psychiater Jung, seinen bösen Hofhund auf uns Kinder losgelassen hätte, ließ der Offizier sich des weiteren mißbrauchen:

Was ihn nämlich anbetreffe, ließ der Heeresvikar sich nun vernehmen, solle dem Ansuchen des Herrn - er zeigte auf mich, segnend fast, willfahren werden, und in eigener Sache erlaube er sich zu ergänzen, man möge mir in allem an die Hand gehen, - dann, indem er sich zu mir wandte, fügte er lateinisch hinzu: *nec vere fecit proximo suo malum,* was die Exzellenz erneut zum Anlaß nahm, jetzt schon mit einer ins Grämliche verzerrten Miene die Schultern zu heben - es war wie eine Frage in diesem hilflosrätselhaften Spiel zwischen Staat und Kirche.

„Exzellenz", sagte ich vermittelnd, „Monseñor hatte die Freundlichkeit, sich dahingehend zu äußern, daß ich meinem Nächsten kein Leids antäte."

Der Feldgeistliche selbst nahm nun die Brille ab und gab dem Offizier das Breve zurück, einem Manne, der gewiß manchem seiner Nächsten ein Leids getan, Kriegs-Leid natürlich, im Namen seines Herrn, der mit der hier alles überwölbenden Kirche ein Konkordat geschlossen hatte, - und ich hatte meinen Hirtenbrief!

So trat ich denn an den Heeres- und Seelenhirten heran, legte ihm meine Hände auf die Schultern und sprach die Worte des Dankes: *Gratias tibi ago, Domine.*

Der Offizier bedankte sich dann seinerseits bei seinem Armeevikar für die gehabte Güte.

Alles, entgegnete der Geistliche, geschehe im Namen des Allerhöchsten, dessen Segen er anschließend auf uns herabbeschwor.

Die Exzellenz nahm wieder Platz, zog die Brauen hoch, wobei er sich erneut räusperte, bedeutsam als Zeichen seiner Mißbilligung und eines zunehmenden Unmuts, sagte dann mit einer fast bösfertigen Geste: „Was das alles, mein Herr, mit Gott zu tun hat, mag der Teufel wissen! Ich jedenfalls, so wie Sie mich hier haben, verstehe von der ganzen Verbalität nichts. Was nun die Echtheit Ihres bischöflichen Erlasses betrifft, die hat Monseñor bestätigt, das genügt mir, und so werde ich Ihre Geleitscheine dahingehend ändern, daß Sie innerhalb der auferlegten Frist unser Land auch auf dem kürzesten Straßenwege verlassen können."

Er trug die Begünstigung ein, ein paar Stempel, ein Schnörkelzeichen, gab mir die Papiere zurück und wünschte mir eine gute Reise, weder freundlich noch unfreundlich. Er war mehr als verdutzt und zudem würde er nach wenigen Stunden den klerikalen Zwischenfall vergessen haben. Ein Kreuzworträtsel auf seinem Tisch machte ihm mehr zu schaffen.

Froh, dem guten Gottesmanne durch mein verwegenes Spiel nichts angehängt zu haben, was, flöge die schöne Seligkeit auf, ihm könne zu Unstatten kommen, verließ ich mit einem Dankeswort das Zimmer; doch, schon unter der Tür, bat mich S. Exzellenz um ein paar Minuten Gehör, er habe habe eine Frage an mich zu richten, - wie bange mir da ward!

„Das wäre, Ew. Exzellenz?"

„In welcher Angelegenheit auch immer Sie unterwegs sein mögen, - Sie sind im Besitz eines deutschen Passes, der ist ziemlich frisch und in der Schweiz kurzfristig ausgestellt; dann waren Sie in Frankreich, auch nur für kurze Zeit, und nun haben Sie es eilig, nach Portugal zu kommen."

„Und die Frage, Exzellenz?" erlaubte ich mir, ihn zu unterbrechen, das lief auf ein Verhör hinaus, und nun war ich fest entschlossen, als Eideshelfer Franco selbst auf's Tapet zu bringen.

„Die Frage, Herr, ist einfach: Glauben Sie, daß es zum Krieg kommt?“

Ich atmete auf und entgegnete, das wisse außer dem Lieben Gott nur der Führer; indesen, wenn Exzellenz erlaube, ihm meine ganz persönliche Meinung zu sagen: es könne von einer Stunde auf die andere losgehen, Hitler sei wetterwendisch und der Pakt mit den Russen ein böses Omen. „Und nochmals meinen Dank für Ihre guten Dienste!“

„Mein Verhalten in Ihrer Angelegenheit, mein Herr, verdanken Sie einzig dem wundertätigen Schriftstück mit höchsten kirchlichen Insiegeln, und dessen Legitimierung durch Monseñor!“

*

Der Kraftfahrer war ein stämmiger Kerl, der einen trefflichen Bierkutscher abgegeben hätte, auf dem Bock eines Flachwagens, der von jenen gewaltigen niederrheinischen Kaltblütern gezogen wird, die durch ihre Fesselzotteln sehr kriegerisch wirken, wo sie in Wirklichkeit und zumal in der Hand eines guten Kutschers lammfromm sind, wie sich das auch gehört für den Transport von Bier. Er trug eine Baskenmütze, die verschlissen war und wirkte, als sei sie von einem Schimmelbelag überzogen. Sonst war an dem Manne nichts bemerkenswert, sei es denn, daß er für die Fahrt 400 Peseten verlangte, was damals sehr viel Geld war, eben das schon erwähnte Heidengeld: für diesen Betrag bringe er uns an den Grenzort Fuentes de Oñoro.

Da man ihm gesagt hatte, wir seien Deutsche, hatte er uns mit dem nationalen Rituell begrüßt, dem er das übliche Eil Itler hinzufügte. Ich ließ mich auf den Blödsinn nicht ein; diese ewigen Anpöbeleien, wird das in Portugal auch so sein?

Ob das der äußerste Preis sei, wollte ich wissen, womit ich mir bei diesem Helden schon zu viel vergab.

Es seien, entgegnete er hämisch, diese 80 Duros noch zu wenig, doch mache er mir einen vaterländischen Preis im Namen unserer beiden Führer; zudem sei der Brennstoff teuer, und überhaupt ließe sich kaum welcher auftreiben, – was alles, dachte ich, mit den Führern zusammenhängt.

„Haben Sie denn wenigstens einen Passierschein für die Strecke?"

Er, mit aufgebrachter Stimme: „Mein Herr, ich bin der einzige Kraftwagenbesitzer in Medina, der einen *salvoconducto* hat für ganz Spanien. In meinem Wagen hat der Caudillo gesessen, und ich am Steuer, ja Herr, so ist das."

„Da treffen wir es gut, machen Sie also Ihre Limousine fahrbereit, wir haben keine Zeit mehr zu verlieren."

*

„Wieviel hast du dem Mann für die *salvoconductos* gegeben? Vier Duros sicher, oder noch mehr?"

„Nicht einen, Chéri, ich bekam sogar noch den Segen!"

„Des Beamten?"

„Nö, hier"; ich zog das Breve aus der Tasche.

„Du hast das Schreiben vom Onkel Bischof . . .?"

„Ja, von Ohme Schang, es mußte sein, und der Feldgeistliche kommt nicht einmal an den Galgen, wenn die Geschichte in letzter Stunde noch schief geht. Er hat sein Exequatur einzig in seiner Eigenschaft als Übersetzer erteilt, ohne daß er auch nur eine Zeile übersetzt hätte."

*

Wie der Mexikaner geheißen hat, weiß ich nicht, noch hat er meinen Namen gewußt, wir waren namenlose Darsteller des Schicksals, das die Menschheit schlug im Namen Gottes, dem der Führer des Herrenvolkes allein Rechenschaft zu schulden vorgab, und es in seinem Wahn auch noch geglaubt hat. Daß aber Millionen Menschen in seinem Reich ihm geglaubt haben, das war unser und anderer Namenlosen Verhängnis. Auch die christlichen Kirchen sahen im Führer ein Werkzeug des Herrn, was das Geschehen zur wahren Spottschande machte.

Auf der Flucht vor all diesen Geißeln Gottes mußte ich an Dschingis Khan denken, der ebenfalls den Krieg als oberstes Gesetz aufgestellt hatte und dessen oberster Grundsatz lautet: nicht milde zu sein. -

„Pardon", sagte ich darum dem Reisegefährten, „wird nicht gegeben, weshalb ich Sie bitte, sich uns anzuschließen, zumal ja auch Sie an Termine gebunden sind, - du bist doch einverstanden, Beatrice?"

Verblüfft blickte der Anarchist von einem zum anderen, sah sich auch heimlich im Lokal um, und sagte dann leise: „Mein Freund, wie sollte ich mich einer so kostspieligen Expedition anschließen können, wo ich, wie Sie wissen, über gar kein Geld verfüge?"

„Sie können es, Fluchtgenosse, aus dem einfachen Grunde, weil Sie für diese Reise keinen Heller brauchen, oder wollen Sie gewisse heilige Grundsätze des Anarchismus über den Haufen werfen, zu einer Stunde, wo wir alle über den Haufen geschossen werden können? Sie lehnen sich auf gegen jede Autorität, jedweden Rechtszwang, lassen nur die Vernunft und die Gerechtigkeit oder die Gerechtsame des Persönlichen gelten, - schön! Nun will es diese Vernunft und diese Gerechtigkeit, in diesem Augenblick, daß mein Geldbeutel, den mein millionenschwerer holländischer Verleger für jeden möglichen Notfall gespickt hat, den Ausschlag gibt. Wo zwei essen, und so weiter, lassen wir diesen Unsinn beiseite, auch die ganze anarchistische Literatur, - seien Sie unser Fahrgast, Ihr Bündel ist sowieso schon geschnürt, keine Firlefanzerei und nicht gefackelt, - man fährt nicht alle Tage in einem Vehikel, in dem der Generalissimus gesessen hat. Wegen des salvoconductos finde ich noch einen Weg, oder Sie erledigen das mit der Verschlagenheit eines Menschen, der Zeitungen über verbotene Grenzen schmuggelt."

„Und Ihre Dame?“

„Meine Dame, - das ist erstens meine vertraute Freundin und zugleich auch meine angetraute Frau, weshalb sie den verfluchten deutschen Paß besitzt; ansonst stände sie unter dem Schutz der Schweizerischen Eidgenossenschaft. Was aber könnte meine Beatrice hindern, mit Ihnen, und Sie mit uns zu reisen in der gemeinsamen Caudillokalesche? Sie geben mir Rätsel auf?“

„Keineswegs! Es ist zu gewagt!“

„Eben, weil wir alle mit in diese höllischen Spiele gezogen werden, machen wir uns doch hier aus dem Staube, kein Sträuben jetzt, - los denn, wir verplappern die Zeit!“

„Ihre Dame“, so er, „ist Schweizerin, hat aber einen deutschen Paß, das heißt, Sie beide haben Hakenkreuzpässe, kurzfristige obendrein, und Sie versagen jedem Beamten den Gruß, den die Fasces vorschreiben. Ich selbst habe einen roten mexikanischen Ausweis, und ich bin nicht ganz unbekannt in gewissen Kreisen, vor allem in Paris und in Madrid, auch in Ihrem Vaterlande dürfte man manches über mich wissen. Ich ziehe es auch seit einigen Tagen vor, unter meinem wahren Namen mit einem echten Paß zu reisen, - bei einer Streife auf der Landstraße könnte es Verdacht erwecken, daß da Gezeichnete sich zusammentun - oder sind Sie gewillt, den Arm zu heben, wenn die fixen Kerle den Wagen anhalten?“

Statt einer Antwort hob ich den Arm, ließ ihn durch die Luft sausen und hielt dem Anarchisten die geballte Faust unter die Nase. Der Mann fuhr ein wenig zurück, sichtlich betroffen von meiner bolschewisierten Nazigeste.

„So“, sagte ich, „kann man es auch machen, doch wollen wir dem unschuldigen Wesen erst die Freiheit wiedergeben.“

„Welchem Wesen, und überhaupt, wo soll das hinaus?“

Ich öffnete die Hand und entließ eine fette Schmeißfliege in die Lüfte. Heilerhaut flog sie zum Schwarm der anderen.

„Ihre Kunst, Fliegen zu fangen, in Ehren, und in Ehren Ihre unnachgiebige Haltung, derwegen ich ja von dem hochherzigen Angebot keinen Gebrauch machen kann, - ich darf das Leben oder zumindest die Sicherheit Ihrer Dame nicht gefährden."

Ob auch ihm der Boden unter den Füßen zu brennen schien, zog er es vor, 24 Stunden auf dem Bahnhof auszuharren, statt der Anlaß zu werden, daß man einer Frau ein Leids antue, wobei dieses Leid von der einfachen Zellenhaft bis zur Erschießung hätte gehen können, um so mehr, als diese Frau zufolge ihrer indianischen Blutbeimischung gar nicht arisch aussah und von vielen, im Rassenwahne eines Wahnsinnigen befangen, rundheraus als Judensau abgestempelt wurde. Sicherlich hatte der Anarchist auch diese völkische Seite des Problems im Auge, als er sich weigerte, an der Fahrt teilzunehmen, obwohl Franco sich nicht so weit ins Verbrechen vorgewagt hatte. Selber sah der Mexikaner auch sehr rassenverfremdet aus; jeder Nazi hätte ihm den Todesstempel in die Haut gebrannt.

Der Worte viele, nein und wieder nein; da kam der Fahrer zurück und sagte, am Wagen müsse noch das eine und andere geflickt werden.

„Sie lassen ihn vorerst ganz überholen?"

„Auch das, wenn Sie's so nennen wollen." Ein fast strafender Blick traf mich, - dachte der Kerl, daß mich das nichts angehe, und wo ich schon bezahle, das Heidengeld, und überhaupt sollte der erst mal wissen, daß ich bereits einen Horch-8-Zylinder gefahren hatte, als er noch im Rinnstein lag. „Es muß eben sein", fügte er etwas milder hinzu, „das ist eine lange Fahrt, die wir vor uns haben, müssen Sie nämlich wissen!"

„Aus dem Preis, den wir abgemacht haben, schließe ich auf eine Reise ans Ende der Welt, - also dann auf nach Portugal!"

Das wollte der Droschkenkutscher auch nicht, einfach so auf und davon, weshalb er den Vorschlag machte, man möge das Gepäck zu ihm nach Hause schaffen, dort könnten wir warten, bis die Limousine fahrbereit sei.

Ohne sich auf weiteres Gerede einzulassen, verließ er brummend die Bahnhofswirtschaft.

Darauf kam der Zimmerdiener, der so tat, als hätten wir die Nacht bereits in seinem Hotel verbracht, auf Zimmer 7, und hier denn die Rechnung, morgen habe er nämlich keinen Dienst.

„Gewiß, das erledige ich, aber Sie wissen, daß wir abreisen, jetzt gleich."

„Ich habe davon gehört, doch –"

„Kein wenn und aber jetzt! Wir machen es einfach so: Zimmer 7 bleibt für uns reserviert, – ja, wir behalten es. Lassen Sie uns morgen eine Stunde vor der Abfahrt des Lusitania-Expreß wecken, oder etwas früher vielleicht, und bitte, wir wollen nicht gestört werden."

Das alles kam dem Kellner wunderlich vor; kurz, ich rechnete mit ihm ab, gab ein fürstliches Trinkgeld, und sagte zu Beatrice, wieder holländisch, man müsse dem fliehenden Feinde goldene Brücken bauen, – ich sei dabei, die Pontons schon einmal zu verankern.

Auf dem Bahnsteig war Unruhe entstanden, man hastete hin und her, Rufe wurden laut, mir wollte das gar nicht gefallen. So wendete ich mich dem Mexikaner zu, der eine Fliege aufmerksam betrachtete. Sie rieb sich vor Vergnügen die Vorderbeine, säuberte dann den Kopf, der sich wie in einem Kugelgelenk drehte, – das sind so Insektenkniffe, dachte ich, indes der Anarchist wird seine eigenen haben, und wenn auch sein Kopf sich nicht drehte, wird sich in ihm wohl alles drehen.

Erneut sprach ich auf ihn ein, ich wolle ihn nicht kränken, er möge doch ...

„Gut denn, mein Freund, vielleicht sehen wir uns in –"

Wo wir uns hätten wiedersehen können, konnte er nicht mehr sagen, denn jetzt öffnete sich wieder die Tür zum Bahnsteig, zwei Uniformierte, die wohl der Bahnpolizei angehörten, gingen auf unseren Tisch zu. Welcher von den beiden es sei, fragte der eine. „Der Kleine“, ward ihm zur Antwort, „der mit dem Bündel.“

Der Kleine, der mit dem Bündel, hatte die Polizisten ebenfalls kommen sehen und er blickte ihnen ruhig entgegen. Als man ihn festnahm, winkte er uns zu und sagte lächelnd, auf englisch übrigens, es sei alles nicht so schlimm, ein Mißverständnis, er werde das klären, – „pas de problème“ – dies also französisch, und, immer das Lächeln um den verstoppelten Mund, katalanisch jetzt: *„Que Deu Vos guard!“*

Uns beide beachteten die Polizeimänner nicht, auch vom Kaffeekellner, der wieder hinter der Theke stand, nahmen sie keine Notiz. Ich fragte ihn, ob das hier immer so zugehe, diese wortlosen Verhaftungen. Er zog nur die Schultern hoch und machte eine wegwerfende Handbewegung.

„Jetzt kommen wir dran“, sagte Beatrice ruhig, „ich habe damit gerechnet.“

„Deine Rechnung geht vorderhand nicht auf, Chéri, wir sind für die kommenden Stunden ziemlich sicher, – warum denn ließe man uns sonst abreisen!“

Der Kellner begleitete uns bis an die Ausgangstür zur Straße hin.

Daußen waren es Gassenjungen, Ziegen, halbnackte Hühner und streunende Hunde in ihrem struppigen Hungerfell, die uns das Ausgeleite gaben. Oben aber der Flug der Schwalben, ihr trauliches Gezwitscher, indes hinaufblicken, das wagte ich nun doch nicht mehr, denn es war anzunehmen, daß man uns Späher auf die Spur gesetzt.

Dann kam der Bettler. Er trieb kein Gewerbe, gab auch nicht vor, irgend einem nachzugehen, und zu verkaufen hatte er auch nichts. Es war ein Kriegsbeschädigter, ihm fehlte die rechte Hand. Er trug eine zerfetzte Hose, die einmal Teil einer Soldatenuniform gewesen sein mochte, vielleicht sogar die eigene; ein zerlumpter Kittel aus Sacktuch verhüllte spottschämig den Rest der Gestalt. Der Unterarm, an dem die Hand gesessen, war unbedeckt, schwarz verschrumpelt; die Nahtstelle sah aus wie ein Wurstzipfel, das heißt, umgekehrt, sie bog sich nach innen ein, wodurch ein Loch entstanden war, in das man etwas hätte hineinstecken können; doch machte der Bettler von dieser ihm verbliebenen Möglichkeit keinen Gebrauch.

In der Linken trug er einen Stock, eine Art Szepter, der wie ein mittelalterlicher Königs-Stab ausgebildet war, indes wohl des Krüppels Erfindung. Dieser Stab endete in einer Hand - Symbol der richterlichen Gewalt - die aus einem rechten Handschuh bestand, vermutlich mit Sägemehl ausgestopft. In die Innenfläche war eine Mulde eingedrückt.

Er segnete uns mit dem Stummelarm, wobei er die üblichen heiligen Formeln aller Bettler murmelte, hielt mir dann sein Szepter hin und bat um den Scherf. Ich zog einen Silberling hervor und legte ihn in die Mulde der Königshand. Der Bettler dankte dem Bruder, hermano, sah sich nach einem Stein um, auf den er das Geldstück fallen ließ: es klang, war also kein „Sevillano", kein falscher Duro, der liegen bleibt wie ein Stück Blei, was er auch ist.

Dann kam der Esel. Von dem Kroppzeug mit Gejohle und hühott begrüßt, schloß er sich uns an. Er war sehr zutraulich, beschnobberte meine Hand, ließ sich kraulen, - er tat überhaupt so, als seien wir alte Bekannte; sicherlich hatte ihm sein Instinkt verraten, daß auch ich im Grunde ein armer Esel bin.

Wo er denn herkomme? fragte ich.

Ach, der sei seinem Treiber wieder einmal davongelaufen, - gehören tue er einem Bäckermeister, dem er die Säcke tragen müsse, doch habe er seinen Stall im ersten Hotel der Stadt, im „Europa", - ob wir auch dorthin gingen? Zimmer seien da zwar keine mehr zu haben, alles besetzt, Offiziere, mit ihren Damen! - Der Bengel brauchte natürlich das entsprechende andere Wort.

„Was ihr nicht sagt! Der Esel schläft im Hotel, und wie heißt er denn?"

„Der! Der hat doch keinen Namen, er kriegt nur Prügel, Fußtritte und kaum etwas zu fressen –"

„Und wenn man ihn rufen will?"

„Dann sagt man einfach Esel zu ihm, das versteht er sofort, kommen tut er dann aber trotzdem nicht."

Und siehe, bei dem Wort Esel schlug der Esel, der sich angesprochen fühlte, die seidenbezogenen Ohren nach vorne, drehte sie nach allen Richtungen und bezeugte auch sonst seinen Frohsinn in tölpischen Sprüngen, einzig wohl darum, weil er dem Melber entwichen war und nun in der feinsten Gesellschaft spazieren ging.

Ein Bursche wollte ihn einfangen, ihm das Gepäck, das man uns nachtrug, aufzueseln, doch kam ich dem zuvor, indem ich Bruder Langohr, der nicht aufgehalftert war noch auch einen Strick um den Hals trug, bei der Mähne faßte und an mich zog. Meiner Hand gehorchend, schlug er zugleich nach hinten aus und vereitelte so jede Bemühung der Bande, ihn doch noch ins Joch zu zwingen. Er schnupperte in die Luft, schlug mit dem Schweif die Flanken, da ließ ich ihn los und er stob davon. Das war ein Glücksgefühl, wieder freier Esel zu sein in der vereselten Welt. Auch ich hatte meinen Spaß an dem kleinen Zwischenspiel, der nicht einmal dadurch getrübt wurde, daß ich hinter uns einen Trupp Gewaffneter gewahrte, der uns folgte. Unser Droschkenmann wohnte etwas außerhalb der Stadt: Wir übersahen plötzlich ein weites Gelände, das unter dem blauen Himmel flimmerte. Ganz am Horizont gewahrte man einen rötlichen Streifen, ich weiß nicht, ob ich da von einer Kimme oder Kimmung sprechen kann, der mit der Himmelslinie in einer unbeschreiblichen Farbe eins wurde. Gegen den so abgedämmerten Hintergrund hoben sich nun Gestalten wie Schattenrisse ab, die sich langsam bewegten. – Es waren dies ein Mann, der an einem langen Wanderstabe daherging; ein Esel, den er am Halfterbande nach sich zog; auf dessen Kruppe hintaufgehockt im dunklen Faltenwurf des Rockes eine Frau, und, in einem Tuch, von ihrem Kopf herab zu einer Art Beutel gebreitet, ein Kind: – Die Flucht nach Ägypten.

In südlichen Breiten, welch ein alltägliches Bild, die Silhouette des Reittiers mit seiner Last, und, oft zu zweit aufgesessen Mann und Frau oder Mutter und Kind; im zockelnden Trabe ziehen sie des Weges, seit Jahrhunderten schon, tausende und abertausende, annoch wie einst. Indessen jetzt, in der Stunde unserer eigenen Flucht, dieses biblische Bild.

„Beatrice, siehst du sie, da ganz hinten, im dunstüberwelkten Morgen, aufleuchtend fast und doch beschattet, die bildgewordene Legende? Ich könnte dir die betreffende Stelle gleich auswendig hersagen."

„Welche Stelle?", fragte sie, die nicht in die gewiesene Richtung blickte, sondern Ausschau hielt nach unseren Kofferburschen und dabei auch die den Trägern auf dem Fuße folgenden Soldaten sah.

– „als sie aber hinweg gezogen waren, siehe, da erscheint ein Engel des Herrn dem Josef im Traume und sagt – ‚Stehe auf, nimm das Kind und seine Mutter mit dir und fleuche nach Ägyptenland und bleibe allda, bis ich es dir sage.'"

Alsda sah auch Beatrice das dahinziehende Paar und verstand den Sinn der allvertrauten Stelle.

Wir waren stehengeblieben, die Legende noch sichtbar am Horizont, und Beatrice sagte: „Uns, Vigo, erscheint kein Engel des Herrn im Traum, wir müssen uns selber warnen und weiterhelfen."

Dann entschwand das fliehende Paar im gleichmäßig rasch fördernden Paßgang des Zeltertiers, und indem wir unseren eigenen Weg wieder aufgriffen, da erkannten wir, daß nicht nur unser angefreundeter Esel verschwunden war, doch auch die Einheit Bewaffneter, die man uns auf die Fersen gesetzt. Einzig die Leute mit dem Gepäck erblickten wir noch, wie sie, uns den Weg winkend, um eine Ecke bogen.

„Beatrice, die Soldaten sind fort, lassen wir sie laufen, – das Krippenpaar aber, das da einem uns unbekannten Ziel entgegentrabt, sollte das nicht ein Zeichen sein, eine Art Stern, der unserem Geschicke leuchtet und der, wie alle Sterne aus dem Nirgend kommend, einen Weg weist, den keiner deuten kann?“

„Dir geht gewiß ein Gedicht im Kopf herum, aufschreiben tust du's dann doch nicht, und überhaupt, steht es so schlecht um uns?“

„Du meinst, Dichter als Heraufbeschwörer des Unheils, nein, es steht, den Verhältnissen nach, prosaisch gesagt, sogar sehr gut um unser Los, für die nächsten Stunden zumindest. Ich mußte eben an eine andere Krippengruppe denken, das dadaistisch-kubistisch-expressivistische Kunstwerk eines Münchner Bildschnitzers, eine Weihnachtskrippe, wunderliche Blüte der zwanziger Jahre. Da saß alles entsprechend falsch, der Maria Gesicht an unaussprechlicher Stelle, der Nährvater verstümmelt wie ein Kriegskrüppel, das Jesulein der wahre Wechselbalg, die anbetenden Hirten, – na, Du weißt, wie so etwas dann ausfällt. Die frommen Münchener Zeitungen verrissen den Künstler, er wurde der Gotteslästerung geziehen, man wollte ihm sogar gerichtlich an den Hals. Ohme Schang, der zufällig in München weilte, als die Ausstellung des Bildners lief, war über den Fall unterrichtet und ging hin, sich das alles einmal selber anzusehen. Die Krippe fesselte ihn ganz besonders, er kaufte sie – sie war sehr teuer – und gab dem Künstler seine Karte.

Da er auf Reisen meist Zivil trug, fiel der Meister aus allen Wolken, als er sah, daß ein Bischof sein umstrittenes Kunstwerk erwerben wollte, – und sofort heftete er den hochwürdigen Namen an den Stall, mit dem Vermerk: verkauft.

Des anderen Tages wußte es ganz München, daß ein hoher kirchlicher Würdenträger sich für den verschrienen Krippenschnitzer einsetzte, und der Name des Künstlers war gemacht. Ein Bischof hatte ihm den Weg gebahnt."

„So wie er uns mit seinem Hirtenbrief die weitere Flucht ermöglicht", sagte Beatrice, der ich anmerkte, daß sie diesen Schritt immer noch für eine Unbesonnenheit hielt.

„Du sagst es recht, die weitere, - doch ehe es weiter geht, setze ich ein Sternchen unter dieses Kapitel, zum Zeichen, daß es aus ist, nicht mit uns, aber mit dem Text: sang- und klanglos, kein Schuß wird mehr fallen, keine Pointe, ob auch der Punkte noch viele sind, die meisten dunkel; dafür geht es in den nächsten Kapiteln um so höher her."

„Ich weiß", sagt Cicero, „vor wem ich zu fliehen, nicht aber wem ich zu folgen habe" - folgen wir unserm Stern, solange er uns noch in Holdschaft strahlt.

Grenzstein der Freiheit

– Ein Sternchen ist an dieser Stelle des Berichtes wohl angebracht, denn einmal mache ich eine Pause, mich zu sammeln, wie ich auch damals mich sammeln, mehr noch mich zusammennehmen mußte; und zudem ist der typographische Stern in seiner höheren Bedeutung ein, sei es noch so bescheidener Ehrerweis an die vielen Sterne, die ich vor meinen Augen flimmern sah, als wir die Mercedes-Daimler-Benz-Limousine verließen. Erhält jemand einen Schlag auf den Hinterkopf, mit einem stumpfen Gegenstand, einem Holzhammer etwa, und der Schlag wird mit nicht allzu fletschender Berserkerei geführt, doch hart am Tode vorbei, dann flimmert es einem vor den Augen; du glaubst, der ganze ausgestirnte Himmel drehe sich im Kreise. Niemand hatte mir indessen einen dergleichen Schlag versetzt; vielmehr war es so, als *rühre* mich der Schlag, und ehe er mich niederstrecken konnte, sah ich es flimmern. Wo, somit, beginnen? Beim Kutscher, bei mir selber, bei den Koffern, beim Loch in der Hose? – es ist gleich, da alles doch in der schieren Niedertracht endet.

Wir waren verkauft, Spottgeburten jämmerlich, vom hinterfötzigen Schicksal über den Affen gelaust.

So möge es denn der Mann Kain, unser Lenker und Henker, mit dem ich das Schaustück unserer Demütigung beginne: als er die Bremse zog, stieß er einen Fluch aus, der, wie ich dachte, seinem Vehikel galt, denn hätte er sonstwie Grund gehabt zu einer Verwünschung aus lautem Hals?

Dann stieß er den Schlag auf, mit dem Fuß; es krachte das ganze Gefährt in seinem rostigen Gerippe, und kaum, daß er auf dem Boden stand, reckte er sich auf, langte mit beiden Händen auf das Verdeck und schmiß, ja schmiß unsere Koffer auf den Platz. Stück für Stück; sie flogen nach rechts und nach links; mein Hebammenköfferchen fiel ihm sogar erst auf den Schädel, dann sank es zu der anderen Habe in den Staub, der in dicken, gelb-roten Wolken aufwirbelte. Wir standen wie in einer giftigen Nebelbank.

- Gewiß, wir waren auf der Flucht, wir hatten es eilig, jede Minute war, wie man sagt, kostbar: Hunkiar Hitler konnte zum Weltuntergang blasen, jetzt, in diesem Augenblick; vielleicht hatten seine Heerhaufen schon die polnische Grenze überschritten, und es war ein Gemetzel, wo immer er wollte, daß Blut vergossen werde. Doch so eilig hatten wir es auch wieder nicht, daß nun unser Gepäck in den Dreck geworfen wurde, und hätte ich selber mit Hand anlegen sollen? - indes muß ich's gestehen: meine Linke deckte schämlich den Hosenlatz, als ich mich aus der Limousine schob.

Zum Glück hatte ich meine Schreibmaschine nicht aus der Hand gegeben, sie wäre auch auf den Platz geschmettert worden und trotz des dämpfenden Mulms für meine Literatur verloren gewesen.

Beatrice schob sich nicht weniger langsam und gar mit Bedacht aus dem Sedan, - warum das ehmals so großmögende Fuhrwerk verfluchen? wird sie mit ihrem hoch entwickelten Sinn für Gerechtigkeit gedacht haben; es hat uns doch heil an die ersehnte Grenze gebracht. Aber jetzt, was ist das? Höre ich recht? Mein Spanisch hat nichts an Frische und Griffigkeit eingebüßt in den Jahren, wo es nicht mehr ausschließlich unsere Haus- und Umgangs-Sprache war, da Holländisch vorherrschte, - doch nun: ‚Ihr Hunde, ihr verfluchten Hunde; Gepöbel, Auswurf der Menschheit, Feinde ihr: von Gott und Caudillo und Duce und Führer und Papst und Vaterland, - raus mit euch, raus aus dem Wagen, und fix mal, raus in den Dreck, in den Staub; man soll euch zertreten.‘

Es folgten noch viele Verfluchungen, in denen das Wort Hure vorkam in den vielfältigsten Abwandlungen, und ein Wort sagte er auf Deutsch, er hatte es bei der Legion Kondor von seinen deutschen Lufthelden aufgeschnappt, vermutlich von Göring selbst: ich unterschlage es.

O Gott, dieser kotige Anwurf wider uns! Und er setzte Feindschaft zwischen sich und uns und unsere Fahrnis, über die sich die Wolken gelegt hatten, daß sie nun lagerten wie die Cherube des Herrn, den Weg zum Baume der Erkenntnis zu bewachen.

Es waren aber da die Sterne noch nicht vollzählig aufgezogen, doch füllte sich das Gewölbe mit ihrer mich gleißenden Pracht, in wenigen Sekunden. Meinen Sinnen ward es taumelig, –

‚– und meine Hose', sagte ich zu dem fluchenden Menschen, wobei ich in die Tasche griff, das Portefeuille meines seligen Vaters hervorzuholen. Es enthielt die Verleger-Fluchtgulden, den Vorschuß auf das Buch Napoleon. Spiegel des Antichrist, dessen forscher General Massena bei Fuentes de Oñoro auf's Haupt geschlagen wurde, und wer weiß, ob er nicht gerade an der Stelle sein Heerlager gehabt, wo wir nun standen, und auch, wie es mir schien, auf's Haupt geschlagen werden sollten, – denn das mit den Hunden, den verfluchten, und mit dem Kotwort, und dem Hurenunglimpf, falls all das Gemeine uns galt, – und wem anders hätte die Beschimpfung zugedacht sein können: das war Kampfansage, Herausforderung, – aber warum in Dreiteufels Namen?

Wir brachten dem Wagenlenker einen tüchtigen Batzen ein mit unserer Flucht, und so sagte ich, die Hose und deren Loch vorerst einmal auf sich beruhen lassend, damit der Kainsmann nicht denken möge, ich wolle ihm noch für die Fünf im Gesäß einen Fünfer vom vereinbarten Fuhrlohn abmarkten; ich sagte also, indem ich das Geld hervorholte, die vier Hunderter, und noch im Gefach der Groschen nach einem tüchtigen Trinkgeld fingerte; na, sagte ich, sagen wir zehn Prozent, oder besser, für so einen alten Kämpfer, – fünfzehn, das wären dann, – ach

Beatrice, bitte, rechne schnell, fünfzehn Prozent von vierhund- -

‚Vierhundert?' rief der Mann der Kraftkarosse, ‚hahha, glauben Sie wirklich, daß ich solch ein Verräterpack für vierhundert lumpige Peseten, achtzig lumpige Duros, befördert habe!?, ha' - und es plätzern die Flüche, für die Gott, die Mutter Gottes, die Heiligen Gottes, die Dreifaltigkeit Gottes, und noch ein paar Hilfsheilige Gottes aus verstaubten Kirchenwinkeln herhalten mußten, - ‚tausend, Sie! Und mal fix!'

‚Tau - mil? Aber Herr, Mann Gottes, guter Freund, es war doch unter uns vereinbart worden, in Medina -'

‚Vereinbart? In Medina? Her mit dem Gelde, tausend, sage ich, und nicht gefackelt, sonst -' Bei diesem Wörtchen zeigte der Verräter mit einem Finger, den er, obwohl er an sich schon schmutzig war, auch noch rütteln ließ, er zeigte auf das runde Portal des Bahnhofes, wo allerlei Kriegsvolk lungerte, mit Knarre und Plempe, Flintspieß und Faustbüchse; auch Polizei lungerte; und herumlungerten, zuhauf, die bunten Söldner des Generalissimus, - mit einem Wort, es starrte wieder einmal von Waffen.

Beatrice, die den Menschen keines Blickes mehr würdigte, diese abgegriffene Redensart ist hier wieder gehörig am Platz - sie sagte, ‚rasch, Vigo, gib dem Halunken die Tausend, es wird nämlich jetzt gefährlich, er hat uns in der Hand.'

Ich gab dem Halunken die Tausend, rasch; rasch steckte er den Schein in die Hand, es hatte nun keiner mehr etwas in der Hand.

Während wir die Arme sinken ließen, unsere Habe aufzulesen, hob Kain den seinen zum Hunkiargruß, der seinem Lande, seinem Führer, und zugleich dem Führer meines Landes galt; jagte den fluchbeladenen Sprüchen noch einen letzten, persönlichen Fluch für uns beide hinterdrein, dem zufolge wir ihm die reinsten Schweine gewesen sein müssen, oder waren es wieder Hunde, -

kurz, Verräter von Führer und Vaterland, - und dann schwang er sich in den Wagen, er gab Gas, der Kasten raste davon. - Wie konnte der auf einmal so ins Rasen kommen?

Es war nun wohl alles rasend geworden; einzig die Leute von der Truppe verhielten sich still; die verschiedenen Einheiten schauten zu uns hinüber; na, das war ein Schauspiel gewesen, so eines wird denen auch nicht jeden Tag geboten.

Hatten die Kämpfer die Kampfansage wohl vernommen? Wußten sie nun, daß da Verfluchte kamen?

Wie spät mochte es überdem geworden sein?

Die Sonne stand tiefer, sie hatte aber noch nichts an Glut eingebüßt. Die hält sich, ging es mir durch den Kopf, der klarer wurde; und mein Bart, an den ich jetzt plötzlich griff, das heißt, ich griff an meine treffliche Kinnlade, mein Bart war in den verflossenen Stunden sicher um das doppelte gewachsen, er war klebrig obendrein, verschwitzt, vermutlich war mein ganzes Gesicht verdreckt. Verflucht, verdreckt, - und dann?

Wortlos langten wir unsere Habe zusammen, und siehe, nicht ein einziger Koffer, nicht ein einziges Bündel war geplatzt; heute spricht man von weicher Landung; die dicken Staubpolster hatten den Aufprall gedämpft. Wie gut, daß ich mir in Locarno noch Riemen hatte schneiden lassen, so Arges und Ärgerliches zu verhüten wie das Platzen eines Koffers auf einem Bahnsteig, wenn der Zug eben einläuft. Hier auf der Walstatt von Fuentes de Oñoro wäre alles noch schlimmer gewesen, dieser braungelbe Mulm, der zwar nicht mehr mit dem Blute der Tapferen von Anno 1811 getränkt war; doch immerhin, er hätte unser Eigentum besudelt.

Ich schulterte das Hauptgepäck, Beatrice nahm wieder die leichten Stücke auf, wir stapften über den Vorplatz und betraten durch eines der runden Portale eine weiträumige Halle. Da wurden wir angehalten.

‚Halt, wer da? und so mir nichts dir nichts wird hier nicht hereinspaziert!'

Ein junger Waffenträger, vielleicht ein Fähnrich oder gar der Ambosat des Roßmeisters, im allerbuntesten Tuch, der lässig an seinem Stutzen fingerte, wies uns zurück: ‚Zurückgetreten!'

Das geht hier aber preußisch zu, dachte ich, während Beatrice, immer nur auf Holländisch sagte: ‚Da haben wir's!'

Hatte der Haufe begriffen, um was es hier ging? Wir traten zurück, ich stand Rede und Antwort, - woher? wohin?

Darauf wurden wir in barschem Tone aufgefordert, die Halle zu betreten. Der umgezogene Pistolenschnösel winkte noch ein paar Waffenkumpane herbei, Gemeine, Gefreite, auch sonst noch allerlei Getrupps und herrschte uns an: die Koffer und Bündel seien auf den Boden zu stellen; alles müsse geöffnet werden; der gesamte Inhalt sei auf dem Flur auszubreiten, was - er zeigte mit seinem Stutzen auf Beatrice - die Dame da zu besorgen habe; den Herrn angehend - er wies mit dem Knauf seiner Faustbüchse, die er umgedreht hatte, auf mich, was lächerlich war, denn ich war unter all diesem verköttelten Kroppzeug sowieso der einzige Herr, was den betreffe, man führe ihn hinauf, zur Kontrolle von Paß und Geleitpapier.

Ich reichte Beatrice, ohne jede Hast, den Schlüsselbund, und ließ mich dann von einem der Söldlinge abführen. Es ging eine Treppe hinauf.

Tschüß, rief ich der wirklich einzigen Dame des Heerbanns zu, doch war mir, ehrlich gesagt, gar nicht zumute nach dem Tschüß und Ciau unserer guten alten Zeit, der Zeit unserer Insel des zweiten Gesichts. Hier steckten wir, freilich ohne es zu wissen, schon mitten drin im Gesicht der zweiten Insel. Alles mußte nun bestanden werden.

‚Eine Treppe hoch,' ranzte mich der Kämpel an, ‚und halten Sie Ihre Ausweisstücke bereit. Sie wollen sicher das Land verlassen, oder –'

‚Sie haben es erraten, mein Herr, wir sind tatsächlich auf der Durchreise.‘

‚Erste Tür links, da werden die Formulare ausgefüllt.‘

‚Das habe ich mir längst gedacht.‘

‚Was haben Sie sich gedacht?‘

‚Daß nun wieder Formulare kommen. Wer nichts ausfüllt, kann nichts erfüllen.‘

‚Bitte? - Dann hier links.‘

Wir waren oben angekommen, der Waffenfant machte auf den Hacken kehrt, - wo haben die das alles nur gelernt? Aber ja, es hatte schon zu Ende unserer Ur-Insel-Zeit angefangen.

Er ließ mich stehen.

Als wir auf dem Vorplatz unseren Kram zusammengelesen hatten, waren da nicht an den Fenstern der ersten Etage, die ein wenig zurückzuliegen schien, allerlei Gestalten zu sehen gewesen, teils in Uniform, zum Teil hemdärmelig? - na für diese muß das auch ein erbauliches Schauspiel gewesen sein, die Art, wie Kain uns gewissermaßen vor die Tür seiner Limousine gesetzt und das Gepäck wie Plunder uns hinterhergeschmissen! Mußte ich da an die Pilar denken, Schwager Zwinglis Kebse, das gottverfluchte Schluntstück, das uns, wieviele Jahre ist's her, auch unsere Fahrhabe hinterdrein geworfen hatte? und wir hatten damals noch heilfroh sein müssen, daß sie uns nicht noch den Dolch zwischen die Rippen gestoßen. Ich glaube indessen nicht, daß mir in dem Augenblick, wo mich der Wehrmatz in dem ziemlich breiten und öden Flur hatte stehen lassen, die Hurenluppe in den Sinn gekommen; eher werde ich bedacht gewesen sein, die Formalitäten so rasch wie möglich zu erledigen. Einen klaren Kopf bewahren, Vigoleis, nicht in die Gründe der Vergangenheit untertauchen, die Gegenwart braucht dich. Gut, klaren Kopfes, doch mit der mir eigenen Amtsbefangenheit, die Dokumente brav in der Hand, suchte ich die erste Tür links. Sie war nur angelehnt, ich pochte an die Leibung, da keine Inschrift mich aufforderte, ohne anzuklopfen den Raum zu betreten.

Da drinnen rührte sich nichts, kein Herein ertönte; so klopfte ich ein zweites Mal, und betrat zugleich das Zimmer.

Dort saßen zwei Gestalten an einem Tisch, Soldaten natürlich, die ich wohl aus ihrem Mittagsschlaf geweckt haben mochte, denn sie fuhren erst auf und dann fuhren sie mich an: Was ich bei ihnen zu suchen habe?

Na, meinte ich, zu suchen hätte ich, genau genommen, nichts; indessen habe man mir eben diese Tür angewiesen, die erste links; ich wolle das Land verlassen, - bitte, Ihr Herren: da gelte es, Fragebogen auszufüllen, und ich bäte die Herren auf's höflichste und mit aller Ergebenheit, mir die betreffenden Vordrucke auszuhändigen. - Was hier nach Unterwürfigkeit klingt, im deutschen Sprachgewande, war aber nur spanische Höflichkeit mit Floskeln. Da sagte ich zu mir: Dein Spanisch, Vigoleis, ist wieder großartig, und da sagte einer der zwei, nicht zu sich selbst, doch mir vernehmlich, ich sei an die falsche Tür gekommen, ich solle machen, daß ich weiterkäme; mit Formularen habe man nicht das mindeste zu tun.

Ich verließ die unfreundlichen Leute mit einem freundlichen Gruß. Gleiches mit Gleichem zu vergelten ist nicht meine Art, noch daß ich's in jener Lage gewagt hätte, mich vor denen aufzuspielen.

Auf dem Flur hielt ich ein wenig Umschau. Es dämmerte da oben, alle Fensterläden hatte man wieder geschlossen, wegen der Fliegen, wir kennen das zur genüge, und gerade diese Wehreinheiten, die man an die Grenze verlegt hatte, wollten sicherlich nicht unnötig mit dem Geschmeiß in Berührung kommen; denen hatte der iberische Hunkiar andere Aufgaben ins Dienstbüchelchen geschrieben; eine davon war die, meine Beatrice unten in der Halle mit dem Gepäck zu triezen. Sie mag den Pöbel nicht, aber der Pöbel wühlte nun in unseren Sachen.

Eine zweite Tür, der ersten schräg gegenüber, links, war ebenfalls nur angelehnt; ich klopfte wieder, feste dieses Mal, und bekam sogleich eine kräftige Antwort: Herein! – Ein preußischer Feldwebel hätte hinzugefügt: marschmarsch, oder wird's bald, oder irgend so eine Anranzung an den Unsichtbaren, die das Gefühl schon hebt, ehe das Opfer die Meldestelle auch nur betreten hat. Der preußische Drill ist weltberühmt: er hat meinem Vaterlande nie zur Ehre gereicht, doch läßt sich ihm eine gewisse aristokratische Note nicht absprechen, mit der Einschränkung, daß die ‚áristos' nicht immer die besten sind. Als dann freilich mit Adolf Hitler das bare Pack aus dem Bilgenwasser der Nation nach oben kam und reichstonangebend wurde, war es überhaupt aus mit dem Benimm der Truppe. Sogar die hohen, die adligen Offiziere sanken auf die Stufe des soldatischen Proletariats, Waffenplebejer; und sie waren nur noch Knechte, niedrigste Diener eines ach wie niedrigen Herrn. Ein paar Wochen Dienst unter dem Hakenkreuz, und was übrig blieb, war, mit einem Wort von Graf Harry Keßler, Offizierscanaille. Er sagte es mir anläßlich der Ermordung des unsoldatischen Ränkespinners Kurt von Schleicher, den er für einen ganz besonders ehrlosen Offizier hielt. Ob so einer hinter der Tür saß? Die Spanier sind ja eine stolze Rasse; doch auch der stolzeste Mensch kann zuschanden kommen, wenn er einem Herrn hörig ist, der von der Würde des Menschen nichts wissen will, – kurzum, ich trat ein, nicht leisen Tritts, doch auch nicht mit der Geste des Freilings, der von sich selbst überzeugt ist: hier bin ich!

Der Raum war spärlich ausgestattet; wenn ich recht erinnere, standen an den Wänden nur ein paar Schränke, die mein preußischer Weibel Spind genannt hätte, und in der Mitte wieder ein Tisch, zum Schreiben und zum Schlafen; man legt die Arme auf die Platte, läßt den Kopf in die Beuge sinken und nickt ein.

Meine Großmutter hat in den letzten Jahren ihres Lebens immer so ihr Nickerchen gehalten, nach dem Mittagessen; es war dies ihre heilige Stunde. Untern, so nannte man es noch zu ihrer Zeit, und für eine alte Frau schickt sich diese Art des Schummerns sehr wohl; indes für einen Kerl von der Truppe? Ich habe da keine Vorurteile; ja, ehrlich gestanden ist mir ein Soldat, der mit dem Schädel auf der Tischplatte seinen Schnarch hält, weitaus lieber als der strammstehende Kriegsknecht, der jeden anfährt und über die Klinge springen läßt.

Der aber dort am Tische saß, im Dämmer von Zimmer zwei, und so kraftstrotzend mich zum Hereinspazieren aufgefordert hatte, das war ein schon älterer Mann, in einer blauen Bluse, Ordensplakate auf der Brust.

Dieser Soldat trug eine rote Baskenmütze, und sonach wußte ich Bescheid: Requetés, Carlist, ultra-katholisch, ultra-monarchisch, treu der heiligen Jungfrau Maria, treu dem Könige, treu dem Generalissimus und Hunkiar aller Spaniarden.

Diesem zeigst du, Vigoleis, treu nur dir selbst und deiner Beatrice, sogleich das lateinisch abgefaßte Brevet deines bischöflichen Onkels; doch halte ihm die Rückseite hin, wo das Sigillum des Erzbischofes von Katalunien, und Bischofs von Mallorca beigedrückt ist: Josefus Episcopus Arciepiscopus Majoricensis. Dann den englischen Gruß gesprochen. Ave Maria Purissima ... und sofort bekommst du deine Stempel, - warte da unten, Beatrice, noch ein Weilchen, - ja, vielleicht verzichtet der frömmige Schlagetot sogar darauf, mich überhaupt Formulare ausfüllen zu lassen.

Was mein Begehr sei? Die Frage wurde höflich gestellt.

Vordrucke auszufertigen sei ich herbeschieden worden, zu mittagschlafender Zeit, man möge es entschuldigen; und da hätte ich mich in der Tür geirrt: die erste links habe man mir gesagt, doch sei es die falsche gewesen, - diese, die seine, ‚ist es die richtige?‘

Leider sei es wiederum die falsche! Schräg gegenüber, bitte, und Gott möge mich segnen. Dann ließ der Fromme den Hunkiar-Ruf erschallen, besser gesagt, verlauten; und mir gefiel die Art, wie der angegraute Monarchist seinen im Grunde genommen falschen Herrn hochleben ließ, einen Menschen, der ihnen allen verheißen hatte, er werde dem Volke außer dem Frieden auch den König wiedergeben. Na, alte Kriegshaut, da kannst du lange warten, ihr habt den nichtsnutzigen General auf den Schild erhoben; da hockt er nun, bis ihn irgendwer herunterschießt, oder er vor lauter Altersschwäche von der Tartsche purzelt. Menschen, die in Erwartung eines verheißenen Ereignisses grau geworden, sind meist friedfertigen Sinnes; der Messianismus hebt sie gewissermaßen über Raum und Zeit hinaus; sie stehen auf einer Höhe, von wo aus sie den Heilskönig der Zukunft unbewaffneten Auges erblicken können. Darum schießen solche Treulinge von dem Zeitpunkte an nicht mehr, wo sie den Vorläufer des Erlösers mit Hilfe ihrer Waffen, seien es solche geistiger Art, oder die des betreffenden Handels, an die Macht gebracht haben. Der Rest ist und bleibt Erwartung. So konnte ich, ohne auf Rückendeckung bedacht zu sein, die Stube verlassen, wo der Wegbereiter seinem messianischen Heilsgedanken nachsann. Er würde niemanden mehr durch einen Nackenschuß zur Strecke bringen.

Beim Dritten Reich liegen die Dinge etwas anders. Da ist der Erlöser auf den Trümmern einer Republik aufgestanden; nennt sich die Quelle allen Glücks für einen jeden, der an ihn glaubt und ihm die Hand bietet, nieder zu metzeln, was nicht seines Blutes, noch seines Willens ist. Die Verheißung war nicht Er, vielmehr war es die ewige Dauer seines Reiches, – darum müsse getötet werden, heute, morgen und immerdar.

So wie über den Ursprung der Welt nichts bekannt ist, wir vielmehr auf Mutmaßungen angewiesen sind, die je nach dem Stande unserer Erkenntnis die Zeichen des Ammenmärchens tragen; die einer unerschütterlichen Glaubenszucht; des durch nichts, was immer ausginge vom Verstande, zu widerlegenden Gedichts; des spekulativ-übersinnlichen Traumgespinstes oder der schieren Jahrmarktsscharlatanerie, - so wissen wir auch über den Ursprung vieler Erscheinungen oder Begebenheiten auf der erkalteten Erdfeste nichts und sind da gleichfalls auf die Gespinste unseres Hirns angewiesen, oder auf das Wissen der Besserwisser, die sich nicht mit dem abfinden können, was einem vor der Hand liegt. Unwissenheit ist überhaupt vom Übel, da lasse man lieber den Schein der Weisheit, im Latein der Jäger vorgebracht, zu vollem Glanze kommen.

Wer, um den Faden weiter zu spinnen, wir haben ja Zeit, - wer hat den Fingerhut erfunden, den Fahneneid, den Kaiserschnitt oder den Läusekamm - ich nenne nur ein paar nützliche, teils segensreiche, zum anderen todbringend fragwürdige Dinge. Sie lassen sich bis ins Mythische zurückverfolgen, und allesamt haben sie ein religiöses Gepräge.

Darum ist es auch gar nicht so verblüffend, daß wir über den Ursprung des Kartenspiels nichts wissen und wir somit den Mutmaßungen der Forscher ausgeliefert sind. Da die Spielkarten über den ganzen Erdball verbreitet sind, bietet fast jeder Kontinent seine eigene Mär und Ausdeutelei über deren Herkunft an, zumal jedes Land stolz darauf ist, sie erfunden zu haben, - eine menschliche Schwäche wie jede andere auch.

Die Spanier schreiben den Einfall, mit Karten zu spielen, einem Landsmanne namens Vila oder Vilhán zu, das war ein Stapelbruder, der auch die Tünchkelle zu führen verstand und sich hin und wieder sogar als Küster verdingte, denn er hatte mit dem von ihm ausgeknobelten Spiel der Ciencia de Vilhán, sein Hab und Gut verpulvert. Auf einem seiner Tippelzüge fiel er Straßenräubern in die

Hände, die ihn fesselten und in einen Brunnen warfen, – das war sein Ende.

Hinwieder behaupten die Franzosen, das Kartenspiel sei in ihrem Lande, und zwar unter Karl VI. aufgekommen. Dieser liebestolle König, Le Bien-Aimé, war geistig umnachtet, und man suchte ihn mit dem neuen Spiel aufzumuntern oder ihm zumindest Ablenkung zu verschaffen, wenn er brütete. Ablenkung gewährte das Tarock ohne Zweifel, weshalb es bei den Chinesen, schon zu Olims Zeiten eingeführt worden ist. Seine Kaiserliche Hoheit Se-Un-Ho soll es ausgetiftelt haben, den Schwarm seiner Konkubinen zu beschäftigen, wodurch er mehr zu ihrem Befrieder als Befriediger wurde, folglich selbst auch seinen Frieden hatte und seinem Himmlischen Gliede immer die geläuterte Glückseligkeit gewähren konnte, wenn Es ihn mahnte, daß Es auch für irdische Geschäfte einzustehen hatte. So mag es einleuchten, daß die Karten aus dem Liebes-Concubinaculum ihren Siegeszug antraten durch den ganzen Orient; überall bewährten sie sich; sogar die Kreuzritter, die sich am Heiligen Grabe sehr unheilig schlugen, indessen sich auch auf das unheiligste dortigen Ortes langweilten, selbst sie griffen das Spielchen begierig auf. Sie brachten es als eine Art übersinnlicher Beute heim ins Abendland, meiner Meinung nach ihre einzige rühmliche Tat.

So wurden die Spielkarten rasch zum geistigen Kartenspiel, an dem auch der Teufel seinen Anteil hat; denn wo gespielt wird, ist er immer mit von der Partie, – Vilhán galt schon, wenn ich das nachtragen darf, als die Inkarnation des Spielteufels.

Wo aber vom Teufel die Rede ist, darf der Himmel nicht zu kurz kommen, und wie es an den Orten der Verdammten oder Seligen zugeht, wissen wir einzig von Entrückten, die ihre Himmelsreise, oder sei es die Höllenfahrt, angetreten haben und heil wieder zur Erde zurückgekehrt sind. Daß man aber im Himmel, einer Stätte der vollendeten Herrlichkeit, der unsagbaren Wonnen, auch Karten spielt, davon wird in den frommen oder ketzerischen Chroniken kaum berichtet, weshalb ich es mir nicht versagen möchte, den spanischen Universalgelehrten Benito Jerónimo Feijóo hier vorzustellen mit einer Geschichte, die uns unmittelbar angeht.

Der Benediktinermönch litt zeitlebens am ‚pavor al sepelio anticipado', also an der auf das höchste gesteigerten Angst, als Scheintoter lebendig begraben zu werden; und das war in der Zeit, wo er lebte und sich den Problemen der Biologie und dem entsprechenden Aberglauben widmete, genau so schlimm wie heutigentages, wo auch niemand lebendig begraben sein will, obwohl tausende in die Massengräber geschüttet werden, ohne völlig aus dem Leben geschieden zu sein. Feijóo selbst lebte von 1676 bis 1764, und er berichtet in einem seiner Bände des ‚Teatro crítico universal' die folgende Schauermär, die ich frei wiedergebe:

Ein Missetäter wurde zum Tode durch den Strang verurteilt, was in unseren Tagen des neu hereingebrochenen Mittelalters auch Wohltätern zustoßen kann, wenn sie in die falschen Hände geraten oder man sich ihrer sonstwie entledigen will. Das Henken verläuft ohne Blutvergießen, fast geräuschlos, weshalb sich bei dieser sanften Art des peinlichen Halsgerichts immer eine besondere Art von Neugierigen einfindet, da es auch erbaulich zu sehen ist, wenn ein Beichtvater das Opfer auf dem Wege zum Schafott begleitet. Öffentliche Füsilierungen wurden früher gemieden, und auch heute noch bringen sie nicht viel Volk auf die Beine.

Wie dem auch sei, unserem Galgenstrick stand ein Beichtiger bei, sprach mit ihm die vorgeschriebenen Gebete, sprach ihn dann von allen seinen Sünden frei und verhieß ihm die ewige Seligkeit, die er, während die Henker den Strick seiften und über den Galgen warfen, dem Armsünder in den schönsten Farben ausmalte; vom Augenblicke an, wo er seines jämmerlichen Leibes entohnigt worden, trete er ein in ein Reich, dessen Freuden kein Ende sei, der Wonnen ungezählte, und so weiter und so weiter, – wie eben geistlicher Beistand und Trost in Todesnot gespendet werden muß. Als die Hinrichtung vollzogen war und man den Leichnam absacken ließ, stellten die Schinder allerlei Anzeichen fest, aus denen sie schlossen, der Gerichtete sei womöglich noch gar nicht richtig tot. Ein Mann der Waffen-SS hätte bei einem solchen Verdacht mit gestrecktem Arm seinen Revolver in das Grempelgelumpe von Totenleben leergeschossen, aber unsere Schergen hatten, aus Angst vor dem eigenen Scheintode, Mitleid mit dem Kadaver, in dem ja noch ein Fünkchen Leben glühen mochte. So trugen sie ihn in das nächstgelegene Haus und beorderten eine besondere Wache, der es oblag, den Leib, der von Rechtes wegen tot zu sein hatte, scharf im Auge zu behalten. Auferstehungen von den Toten sind immer mißlich für die einen, und den anderen sind sie das große Wunder, die irdische Vorwegnahme der Auferstehung des Fleisches schlechthin, mit einem Wort, Vorbote der Unsterblichkeit.

Sich nicht zu langweilen – ehe ein Toter sich selbst zum Leben erweckt, da können Stunden, Tage, ja selbst zeitlich ungegründete Zeiten vergehen – was tat die aufgezogene Wache? Nun, die Kerle griffen zu den Karten, ein Spielchen zu machen, das klopfte und klopfte; doch wie sehr man auch bei der Sache war, man ließ die Pflicht nicht aus den Augen, das heißt hier: die Leiche. Hin und wieder warfen die Wächter einen Blick auf den Erhängten, der sich, blaurot gedunsenen Gesichts, ruhig verhielt. Das Auge war nicht gebrochen, was aber an sich nichts besagt, denn bei der Strangulation, das wußten die Knechte, kommt es nie oder nur selten zu diesem gebrochenen Totenauge.

Das klopfte und klopfte.

Überdem war der Hingerichtete wieder zu sich gekommen, der Strang hatte ihm das Lebenslicht nicht auszulöschen vermocht. Doch dessen war er sich im Taumel der Belebung nicht bewußt, vielmehr deutete er das seltsame Röcheln, das sich seiner Brust entrang, als die Anpassung seines gestorbenen Lebens an den neuen Atembereich des Himmels, des Gefildes der Seligen, wie es ihm der Beichtvater im Augenblick der Abfertigung durch den Strick mit auf den Todesweg gegeben hatte. Diese mit frommgläubigem Eifer vorgebrachten Schilderungen hatten sich seinem Hirn beim Übergang vom Leben in den Tod, von dieser Welt in die andere Welt so eingebrannt, daß er sich, beigott, tatsächlich im Himmel wähnen mußte, - aber

- na, er hörte klopfen, Totendämonen? oder gar Gott? Zum Leben war er ja wieder erwacht, indes vesagten ihm die Augen vorerst noch den Dienst, obwohl gerade sie sich seiner Hinrichtungsart entsprechend verhalten hatten. Es verging eine geraume Zeit, die Wächter spielten und schielten nach ihm; dann plötzlich sah er sie, und es überkam den Missetäter oder was immer ihn an den Galgen mochte gebracht haben, ein Rausch des überirdischen Glücks: im Himmel wird Karten gespielt! Welch' alte Karnoffelratte möchte da nicht auch in den Himmel kommen! Dann erst erkannte er die kartenden Engel in ihrer Verwandlung, und ein Lichtglanz des Herrn umleuchtete ihn.

Von dieser himmlischen Inkarnation, oder sei es die Beseelung des beregten Spiels, ist es nur ein Schritt, und die Karten erscheinen unter den gemeinen Soldaten, die mir Padre Feijóo freilich schon vorweggenommen hat.

In den Mordpausen wird Schafskopf gedroschen; man setzt alles auf's Spiel, da man ja nicht weiß, ob man nach der morgigen Schlacht noch wird auftrumpfen können. Eigentlich weiß auch der in Frieden lebende Bürgersmann oder gar ein Etappenschwein nicht: werden wir über ein Weilchen wieder eine schöne Karte stechen können, -

oder man ist selber in den Skat gelegt. Ja, im Grunde wissen wir überhaupt nicht, was gespielt wird. Ich jedenfalls wußte nicht, was meiner zu gewarten stand hinter der Tür, zu der ich mich begab, immer noch die Pässe und Begleitpapiere in der linken Hand. Die rechte brauchte ich zum klopfen an alle Türen des Bahngebäudes, das zur Kaserne entartet war.

Doch während es unten ziemlich lebhaft zuging, blieb hier oben alles still, - totenstill? Nein, das auch wieder nicht, vielmehr vernahm ich nun selber ein Klopfen, sah aber niemanden, der es hätte besorgt haben können. Klopfgeister? Totendämonen? Oder gar Gott? Das klopfte und klopfte. Ich hielt horchend inne, eine Sekunde, zwei oder drei, dann schöpfte ich tief Atem, was ich übrigens immer tue, wenn ich eine amtliche Stelle betreten muß.

Klopfen, Vigoleis, anklopfen, es eilt, du bist doch auf der Flucht, geude nicht mit der Stunde, wo eine Minute womöglich euch zur Rettung irgendwo bleiben mag.

So klopfte ich an die Tür.

Stimmen? Ihrer mehrere, wie mir schien, forderten den unbekannten, und gleich sei es gesagt, auch ungebetenen Besucher auf, einzutreten.

So trat ich ein.

Der Raum war größer als die anderen Gemächer, in die ich bereits Einblick genommen hatte, doch war er nicht weniger dürftig, und obendrein schäbig möbliert, was wohl ganz allgemein auf die spartanische Zucht und strenge Entsagung des Soldatentums hinweist. Nur ein Feldmarschall des großdeutschen Hunkiars, der in Wirklichkeit ein Jahrmarktsmuskote war, liebte den Luxus und umgab sich und seine Marketenderinnen mit dem teuersten Raub.

Inmitten des Zimmer befand sich ein runder oder zumindest an den Kanten stark abgerundeter Tisch, um den herum Männer saßen, vier an der Zahl, oder waren es fünf, oder sieben, - ich weiß es nicht mehr auf den Mann genau; doch könnte, wer mit dem spanischen Jaß vertraut ist, der da geklopft wurde, die Zahl der Runde genau angeben, - mit einem Wort, es wurde Karten gespielt.

Spanische Offiziere, und solche mochten es sein, die spielen hier Karten, statt sich die dienstfreie Zeit mit einer satten Schwarte im Bett zu vertreiben? Das war mein erster Gedanke, dem in Blitzesschnelle eine andere Überlegung folgte: wird Allvater Noach in der Arche mit den Seinen die Zeit, die sein Gott brauchte, die sündige Menschheit zu ersäufen, auch mit dieser idealen Kurzweil totgeschlagen haben? Und Beatrice da unten, was mögen die Horden mit der wohl alles anstellen?

Auf keine der Fragen konnte ich mir Antwort geben, denn einer der Spieler, die alle vollkommene Herren waren, wie sich alsbald herausstellen wird, fragte sachlich, kühl, ohne jede Anranzerei: was ich denn eigentlich bei ihnen wolle, - man spiele, man liebe die Störung nicht.

Diese grammatikalische Feinheit mit dem Eigentlichen des Wollens war nun verblüffend, obwohl die spanische Sprache an derlei Überrumpelungen ziemlich reich ist; und so entgegenete ich in der mir leider eigentlichen eigenen Umständlichkeit, und, bitte, in bestem Spanisch: Meine Herren, ich sei an ihre Tür gekommen, Fragebogen auszufüllen, und nach der Erledigung all der leidigen Förmlichkeiten wolle ich die Grenze überschreiten.

‚So denn,‘ versetzte ein anderer Offizier, über dessen Züge ein befremdend spöttisches Lächeln spielte, ‚liegt es in Ihrer Absicht, die spanische Grenze bei uns zu überschreiten? Sie wollen - nach Portugal?‘

‚Ja,‘ erwiderte ich und hob zu Bekräftigung dieses Vorsatzes, der mir an einer Grenze durchaus nichts ungewöhnliches zu sein schien, die Linke mit dem Stoß Papiere empor, wobei mir auf den Plotz zu Bewußtsein kam, daß man mich nicht mit dem Römischen Gruß empfangen hatte. War das der Einfluß des Kartenklopfens, das sich so segensreich auswirkte? Der Volksmund nennt diesen Zeitvertreib des Teufels Betbüchlein, - wie dem indessen auch sei, ich hatte das meinige gesagt und stand nun da, die Linke immer noch erhoben.

Es muß beschwörend gewirkt haben, solches Winken mit Dokumenten, die die reinen Schandpapiere waren, die Schmach meines Lebens, der Pestfleck, mit dem ich nun einmal gezeichnet war.

Diese Ausweisbüchlein hatten die grau-grüne Farbe, die in der internationalen Farbenskala dem Reich der Deutschen vorbehalten war. Jeder Grenzbeamte kannte sie, und darum kam jetzt ein wenig Bewegung in die Kartenrunde, wenn auch zuerst nur eine der Spielratten, die ich mitten aus ihrem Vergnügen gerissen, aus dem Taumel des Jeus zum Leben der Grenze zurückfand. Er fragte nämlich, wobei er sich, wie mir schien, ganz leicht vom Stuhl erhob, was dann freilich schon Höflichkeit gewesen wäre: ob ich gar ein Deutscher sei?

Da ließ ich die Linke sinken, als hätte ich die Flagge eingeholt, und sagte: ‚Ja, das bin ich allerdings.'

Auf Spanisch klingt diese bejahende Aussage hart und unerschütterlich wie eine Kantische Kategorie.

Das war das Zeichen für die Herren alle, nicht nur den Hosenboden mir zu Ehren ein wenig zu lüpfen; nein, sie lösten ihn vollends vom durchgeschwitzten Sitz, sprangen auf, der und jener schob mit der Kniekehle den Stuhl zurück; ein Schemel polterte schlitternd über den Boden und schmetterte gegen die Wand. Es rieselte Kalk.

Die Herren standen aufrecht da, ich sah ihre Waffenhosen, die teils des Spielchens, teils der Hitze wegen, und wohl auch mit Rücksicht auf die Verdauungsvorgänge, im Bund geöffnet waren. Ihre Kragen standen gleichfalls offen. Mit raschem Griff schloß jeder sich zu, dann sprengten alle wie auf Kommando auseinander; weiß leuchteten ihre Hemden, falls sie überhaupt weiß waren, im Dämmer.

Einen Augenblick lang stand ich allein vor dem leeren Tisch, auf dem sich nur noch die Karten befanden, ein befremdlich wirkender Aschenbecher, ein paar Pistolen, und ein Stück Kreide.

Als die Herren Kartenkumpane sich wieder um den Tisch gruppierten, jeder an seinem Platz, doch mir zugewandt, da hatten sie alle ihre Waffenröcke an und waren dabei, sie mit fliegenden Fingern zuzuknöpfen.

Es waren diese Herren tatsächlich Stück für Stück Offiziere, auch wenn sie nicht, oder besser gesagt: noch nicht, untergeschnallt hatten. Doch was sage ich, - wird in der spanischen Armee überhaupt untergeschnallt? Ist das nicht eine Eigentümlichkeit des kaiserlichen deutschen Heeres, die im Wilhelminischen Weltkriege so recht erst zur Geltung kam? Wurde aber in Spanien der Säbel untergeschnallt, und die Herren Offiziere hatten das noch nicht besorgt: konnten sie dann eine soldatische Diensthandlung an mir überhaupt rechtens vollziehen?

Wie man im Traumzeit einer Sekunde Stunden oder gar Tage durchlebt, so beflogen mich jetzt Bruchstücke von Gelesenem, Gehörtem, Erlebtem, über das Unterschnallen der Plempe, während die Offiziere umgeschnallt, untergeschnallt oder überhaupt nicht geschnallt vor mir standen und noch an ihren Klafotten herumnestelten, - hatte ich's gelesen, hatte mir Graf Keßler, Kaiser Wilhelms Adjutant, die Geschichte erzählt, als er im Exil an seinen Erinnerungen schrieb?

Da war einmal -

Da war also einmal ein gemeiner Soldat, der sich gleich vier Jahre vor seines Obersten Kriegsherrn Fahnenflucht entschloß, die betreffende Flucht in eigener Person zu ergreifen. Gepackt vom Granatfieber, der derzeit forensisch-psychiatrisch so gefürchteten ‚motorischen Unruhe', wollte er nicht mehr dienen: Gott nicht, dem Kaiser nicht; dem Vaterlande nicht, - heim wollte er, heim zu Muttern.

So schmiedete er den Plan der unerlaubten Entfernung von der Truppe; und mit solcher Komißschläue ging er zu Werke, daß man ihm nicht so leicht ein Vergehen gegen das Aushalten im militärischen Dienste werde vorwerfen können, so wahr ihm Gott helfe! Indes Gott half ihm nicht: gleich beim ersten Fluchtschritt wurde er vom Grabenältesten ertappt und vor einen Offizier gebracht. Dieser verhörte den Deserteur und ließ ihn in Arrest abführen. Bei der zweiten Einvernahme, die schon einem Kriegsgericht ähnelte, denn mein Fall lag ja vor dem Feinde, stritt er alles ab, was er dem Kompagnieführer zu Protokoll gegeben hatte, und er wurde frech, als dieser einwand: ‚Na, Gemeiner, es steht hier schwarz auf weiß!‘

Der gemeine Soldat wußte es aber besser, er kannte sich aus im Reglement und er entgegnete, nun ganz sachlich: ‚Sie, Herr Kompagnieführer, haben mir überhaupt keine Vorhaltungen zu machen. – Sie hatten nämlich, als Sie mich verhörten, nicht einmal untergeschnallt!‘

Das Wort platzte wie eine Eierhandgranate in die Kriegsgerichtsverhandlung hinein; aller Blicke waren auf den pflichtvergessenen Kompagniechef gerichtet, der sich mit einem Griff vergewisserte, ob er wenigstens jetzt untergeschnallt hatte. Das hatte er allerdings, aber von der Fahnenflucht des Muskoten konnte nicht mehr die Rede sein; der Offizier selbst mußte gemaßregelt werden, was wiederum nur durch ein Sondergeneralauditoriat geschehen konnte, weshalb man den Koppelmeuterer für's erste einmal seines Postens enthob; man stellte ihn zur Verfügung. Palaver entstand, die Herren wurden tumultuös und der fahrlässigerweise nicht durch ein Kettchen hinter der Ohrmuschel abgesicherte Pincenez eines Obermilitärgerichtsassessors ging in Splitter. Unser gemeiner Soldat benutzte den Klamauk sich dünn zu machen. Er ward nie mehr gesehen.

Unterschnallen, meine Herren, dachte ich, sonst kommt ihr alle vor ein Kriegsgericht, oder –

Es waren diese Herren, wenn ich zurückgreifen darf, damit wir endlich wieder ein Stück vorwärts kommen, diese Herren waren Mann für Mann Offiziere.

Welche Ränge sie freilich in der Hierarchie ihres Obersten Kriegsherrn Franco bekleideten, weiß ich nicht. Sie trugen Sterne und Streifen auf den Borten, die Ärmelaufschläge waren verziert, ich gewahrte Franzenbesatz, - sicherlich waren ein paar ganz hohe Chargen dabei.

Als ich mich sonach zum Deutschen bekannt, und die Hauptleute alle aufgesprungen waren, schob ich die Geschichte des ununtergeschnallten preußischen Michelbruders ein, und nun will ich, damit uns keine dienstrechtlichen Verwicklungen erneut aufhalten, den Hauptleuten auch allen zubilligen, daß sie inzwischen untergeschnallt hatten; der letzte Hosenknopf, der letzte Knopf an Hemd und Waffenrock war geschlossen, - weiter im Text:

‚- und Sie sind,' fuhr der Oberst, der mich ausfragte, mit fast verhaltener Stimme fort, ‚Sie sind, bitte, ich meine, Sie sind -?'

‚Nun, was soll ich sein, Herr Major?'

‚Sie sind, mein Herr, womöglich nicht nur Deutscher, sondern auch - Offizier?'

Atemlose Stille im Raum der Offiziere. Alle Augenpaare waren auf mich gerichtet, die Spanier standen in fast strammer Haltung da, jedenfalls war es für jene Breiten vorbildlich, wie sie dastanden, und sie an meinem Munde hingen, aus dem nur ein einziges Wort kommen durfte, das Jawort meiner eigenen Aushebung und schnellen Beförderung.

Doch ach, werter Leserfreund, auch wenn es um Sein oder Nichtsein geht, spricht mein Vigoleis dieses eine Wort nur aus in der Umkleidung vieler Worte, ja selbst Wörter. Hier denn die wortgetreue Wiedergabe meiner Antwort, die ich auf dem Sterbebett noch werde aufsagen können; denn der Geist des Allerhöchsten war über mich gekommen, wieder ein Mal; nein, nicht der des allerhöchsten Henkers und Hunkiars meines zuschanden gesunkenen Volkes, dem immer noch anzugehören meine Papiere dartaten: es war der Geist der Freiheit, der zuweilen in Zungen spricht, aber immer dann, wenn es, eben, um Sein und Nichtsein geht, von unmißverständlicher Klarheit ist. Hört:

‚Ich bin, meine Herren Offiziere, wenn Sie erlauben, daß ich's bekenne, und es vor Ihnen zu bekennen, ist mir die Ehre selbst; ich bin, Ihr Offiziere alle, tatsächlich auch Offizier.' Aufrechter denn je in meinem Leben stand ich da, von Gestalt nicht eben unansehnlich; zwar kein Gardemaß, indes auch nicht schlecht gekleidet, obwohl mein Anzug Falten warf, die Hose durchlöchert war und was sich an Bart gebildet hatte, umdunkelte mein Antlitz. Als das Wort heraus war, verbeugte ich mich mit einer so vollkommenen Würde und edelmännisch bühnenreifen Artigkeit, daß ich Spaß an mir selber hatte, während den echten Offizieren nicht einmal aufzufallen schien, daß ich, der deutsche Offizier, nicht die Hacken zusammenknallte. Dann verbeugte ich mich nochmals, um die Leere auszufüllen, die zufolge meiner militärischen Offenbarung entstanden war, und zu allem Überflusse führte ich mit der Rechten eine alles umfassende Bewegung aus.

Da sprengten meine Herren Hauptleute davon; sie rasten durch die Bude, - was suchen sie, was erwischen sie? ha, die Dienstmützen; sie setzten sie auf, zogen sie in rascher Eitelkeit noch zurecht, dann flogen die Hände zum Gruß an den Schirm, die Handflächen wie weiße Tischtennisschläger nach außen gekehrt, - so hohe Offiziere waren das, allerhöchste Patente selbst.

‚- und, bitte, im Range eines . . .?'

‚Eines Hauptmanns, Herr Oberhauptmann, Artillerie, - schwerste Kaliber habe ich die Ehre unter meinem Befehl zu haben.'

Ich verbeugte mich, und reihum taten es die galonierten Kriegsgurgeln mir nach.

Vigoleis war zum Schlafwandler geworden, der mit geschlossenen Augen den Weg findet. Hier wählte er aus ein paar Dutzend Truppengattungen die vornehmste aus, ohne zu wissen, daß sie es war; denn er hatte ja von militärischem Tuten und Blasen und Schießen keine Ahnung; ihm gehören Steinbeil und Atombombe der selben Mordordnung an. Er hatte eben die Witterung für den hohen Rang, und er würde sich heute, gut fünfundzwanzig Jahre nach der Kabale in Fuentes de Oñoro, allsogleich in die gesellschaftsfähige Klasse eines Atomkanoniers erhoben haben. ‚Womöglich dann, Herr Hauptmann, sind Sie, – na, wie soll ich sagen, – hm, Sie sind – in einer geheimen Mission begriffen?‘

Es war dies aber ein anderer Offizier, der so heikel zu fragen sich unterstand.

‚Sie haben recht, Herr Oberstleutnant, ich bin in geheimstem Auftrage unterwegs, für meinen Herrn und Führer, meine Herren‘ – reihum blickte ich jeder Gurgel ins Auge – ‚komme aus Frankreich, und trachte nun, so rasch wie möglich, Lissabon zu erreichen, wo unser Panzerkreuzer „Deutschland“ – ich verbeugte mich – vor Anker liegt, im Tejo, und er wird sie erst lichten, wenn ich die Planken betrete.‘

‚Deutschland, Herr Hauptmann,‘ sagte der Jüngste der untergeschnallten Kartenbrüder, ‚hat seinen großen Führer, und jetzt kommt auch seine große Stunde.‘

‚Die Stunde des Jahrhunderts, die ein Jahrtausend währt, meine Herren Offiziere, und alle, wir alle müssen uns ihrer würdig erweisen. Hier denn unsere Pässe und die besonderen Führerpapiere.‘

Ich hielt dem mir zunächst befindlichen Offizier die Kreditive hin, wobei ich ihn scharf ins Auge faßte, während er seinerseits die Augenbrauen ein wenig hochzog, was Mißtrauen so gut wie Verwunderung ausdrücken konnte.

‚Unsere? Befinden Herr Hauptmann sich in Begleitung? – aber gewiß, Ihr Bursch ...‘

‚Mein Bursche ist mit dem großen Gepäck gleich ins Reich gefahren; wer mich begleitet, Herr Oberst, das -'

‚Das wäre -?'

‚Das ist meine Frau.'

‚Ihre, pardon, Sie sagen -?'

‚Ja, meine Frau.'

Es kam Bewegung in den Kreis der Untergeschnallten, man rief Sakrament, Potztausend und ähnliches.

‚- und wo, bitte, halten Madame sich auf?'

‚Wo anders, meine Herren, könnte sie sein als da unten in der Halle, bei der Zollabfertigung. Man durchsucht nämlich, meine Herren, unser Reisegepäck.'

‚Zum Henker, Hostia!' rief nun der wohl Rangälteste des Kartenstabes, ‚Sie sind doch in geheimer Mission und somit exterritorial! Solch eine Schlamperei da unten, wo höchste Eile geboten ist.'

‚Mehr als geboten, Herr General, wir sind in fliegender Eile sogar mit einem Taximeter gekommen, da wir den Anschluß an den Lusitania-Expreß in Medina del Campo verpaßten. Sie hätten sehen sollen, wie der Kutscher der Kraftdroschke unsere Koffer vom Verdeck des Wagens auf den Boden schmiß; das ging wie der Blitz!'

‚Wir haben es ja gesehen, Herr Hauptmann, - ha! also das war's!'

Nun prasselte ein Feuerwerk von Worten, Flüchen, Befehlen; ich wußte wieder einmal nicht, wo mir der Kopf stand ob dieses hellen Spotts, und da niemand mir meine Beglaubigungsschreiben abnahm, steckte ich sie ein; es war auch besser so, da man meine Gerechtsame hätte anzweifeln können.

Wo immer ein Dieb sich dünn machen will, erschallt der Ruf: Haltet den Dieb! Hier, in Fuentes de Oñoro, erscholl uns, die wir zwar keine Diebe waren, indessen allen Grund hatten, uns so dünn wie nur möglich zu machen, der Ruf: Haltet den Zug!

Ja, rief nun der Chor der Kartenritter, man solle den Zug anhalten, des Führers Plenipotenciario müsse noch mit, - ‚Hauptmann, kommen Sie, der Führer ruft!'

Vom gesamten Generalstabe umschwärmt, verließ ich, der einzige, der nicht untergeschnallt hatte, sei es denn, daß ich gegürtet war mit dem schieren Schwindel, das große Hauptquartier, auf dessen Tisch die ungestochenen Karten lagen, um die sich keine Spielsau mehr kümmerte.

Vom Gerüfte angelockt, hatte sich der alte Carlist unter die Tür seiner Stube gestellt; er wollte wissen, was es da gebe. Als er mich erblickte, und er auch wohl gehört haben mochte, daß ich mit Hauptmann angeredet wurde, legte er die Rechte salutierend an seine Boina, führte sie dann an den Mund, so als hielte er eine Trompete, und schmetterte dreimal die Fanfare seiner Legion, re-queté, re-queté, re-queté!

Ich kam an die Treppe, da sah ich unten, o du lieber Himmel! die ganze Bescherung! Die Halle war übersät mit dem Inhalt unserer Koffer und Bündel, eine bewaffnete Meute wühlte in dem Kram, so wie ich selbst auf Plundermärkten oft im Brast gewühlt habe auf der Suche nach einer Schraube, einem Vogelkäfig, einem verschollenen Buch, oder was immer ein armer Dichter so nötig braucht. Was da unten sich abspielte, das freilich war nicht mehr und nicht weniger als eine Verhöhnung des Völkerrechts; es war ein Eingriff in meine Exterritorialität, die sich, das wußte ich aus dem Umgang mit dem exterritorialen Grafen Harry Keßler, ausdehnte auf meine Gemahlin und die uns beiden gehörigen Sachen. Wir waren immun, ich hatte Anspruch auf Exemtion; ja, würde ich mit einem Hauskaplan reisen, stände mir sogar das Kapellenrecht zu, - und unten, da wurden nicht nur meine Befugnisse mit Füssen getreten, man trat buchstäblich alles, was mein war, in den Dreck. Da hätten die Koffer gleich auf dem Vorplatz platzen können!

Die Hauptleute, sie flogen die Stufen hinunter, als hätten sie Knallfrösche in den Gesäßen, die zu lüften sie so schwer angekommen, während Beatrice zu uns hinauf blickte und ich selber gerade noch die Zeit hatte, ihr auf Holländisch zuzurufen, sie solle mich machen lassen, – ‚nein, jetzt keine Fragen, es geht, wieder einmal um's ganze.'

Einer der Herren vom Stabe bot ihr seine Entschuldigung an, und seine Hilfe. Die niederen Waffenburschen wurden barsch beiseite geschoben und zusammengeranzt; verflucht, – Sakrament, he, wie das nun zuging!

Die Offiziere bückten sich, rafften unsere Sachen auf, stopften alles in die Koffer, ich bündelte den Rest, – und schon kam eine Ordonanz angetrabt und erstattete Meldung: der Zug sei zum Halten gebracht, ein Abteil Erster Klasse werde für die Exzellenzen geräumt.

Die Herren Hauptleute ergriffen das Gepäck, selbst nahm ich nur die Schreibmaschine in die Linke.

Unser Zug setzte sich in Bewegung, – nein, nicht der expresse, der von Irun über Medina del Campo, Fuentes de Oñoro und Vilar Formoso nach Lissabon fuhr; vorerst war es unser eigener Zug, der kleine Trupp, der wie aus dem Nichts entstanden war: an der Spitze der höchste Offizier, auf dessen Kragenspiegel in Rankenstickerei und goldenen Borten sein Rang vermeldet stand, zweifelsohne ein General.

Der General hatte seinen Flederwisch aus dem Waffenschlitz des Rockes gezogen und trug ihn, gesenkt, vor dem Bauch. Hinter ihm schritt ich, Sonderbeauftragter des Führers in geheimer Mission; hinter mir die völlig verdutzte Beatrice, im nu zur Frau Hauptmann geworden, was sie zum Glück nicht wußte, sonst hätten ihre Augen noch mehr Feuer gesprüht, als sie's schon taten.

Im Gefolge die Stabsoffiziere mit dem exterritorialen Gepäck.

So betraten wir den Bahnsteig, der wie tot dalag, da alle Reisenden schon abgefertigt worden waren und in den

Abteilen mehr oder weniger unter Siegel standen. Nur ganz vorne, im ersten Wagen, ließ Lärm sich vernehmen, es wurde geschimpft, geflucht, in hundert Zungen. Feinste und reichste Leute wichen der Gewalt, sie wurden nämlich aus ihrem Abteil Erster Klasse hinausbefördert und drückten sich mitsamt ihrer Bagage in die schon überfüllten Coupés der Zweiten Klasse. An allen Fenstern drängten sich die Köpfe der Schaulustigen; da gab es wieder etwas zu sehen, und sieh einer an, stand da nicht unser Krummer, der Geheime, der Pferdegesichtige, der hinkende Teufel, der uns in Medina nicht in den Expreß hatte steigen lassen, vielmehr den Wachen überantwortet? Er war's, er stand wie gepfostet, und starrte uns an; doch nicht lange gab er sich dem Bemühen hin, sein Geheimagentenhirn mit der Frage zu foltern, ob's denn wirklich wir zwei beiden seien, denen er in Medina del Campo ein Bein gestellt, – denn was sich nun um uns herum zutrug, zeigte ihm, daß es an der Zeit sei, sich aus dem Staube zu machen. Ich sah noch gerade, wie er sein heiles Bein auf ein Trittbrett schwang, das lahme nachzog und mit dem Rest seiner ganzen schnöden Leibhaftigkeit verschwand. Dann mußte ich meine Aufmerksamkeit der Rolle zuwenden, die zu spielen mir hier zugefallen war.

Auf dem Bahnsteig lagerten viele Truppengattungen; alle Formationen des Caudillo waren vertreten, es fehlte einzig die Reiterei, sie hatte nicht rechtzeitig einschwenken können; und hätte ich nicht anderes zu bedenken gehabt, damals, als man mich zum Hauptmann geschlagen, ich hätte mir die bunten Reiterscharen meiner niederrheinischen Heimat mit ins Bild gedacht, Krefelder Husaren und den Düsseldorfer Ulan.

Nun erschallten die Kommandorufe, wer sich gelümmelt hatte, und das hatten sie alle, denn es war ja fast totenstill auf den Bahnsteigen, als der Tanz begann; oder wer auf seinem Flintenkolben gehockt, wo immer er gestanden, gesessen oder gelegen hatte: alles flitzte herbei, fügte sich einer Ordnung, Adjutanten flogen die Reihen entlang, man trat ins Gewehr und einander auch wiederum in den Weg, der Wirrwar war groß, die Plempen blitzten, Gewäff jeglicher Art ward präsentiert. Eine Zeile waffenstarrender Gestalten, vom Milchbart bis zum Greise, Köttelgarde und Veteran, führte, als sie einmal sich festgefügt, bis an die Lokomotive des Lusitania-Expreß, der noch länger geworden war als in Medina del Campo.

Der General winkte mir, er hob den Degen zum höchst militärischen Ehrerweis. Der Stab mit dem Gepäck, jeden Grußes überhoben, blieb mir auf den Fersen, und Beatrice, ach, die Ahnungslose, blieb mir auch auf den Fersen, von einem baumlangen Eskorte-Fähnrich galant geführt.

In der linken Hand trug ich die Schreibmaschine, die rechte war frei.

Was wird unser Vigoleis mit dieser freien Rechten tun, fragt sich der gewierige Leser, der dem Helden ebenfalls auf Schritt und Tritt gefolgt ist bis zu diesem Augenblick, wo er sich anschickt, die Front abzuschreiten und die Parade abzunehmen, - wird er den freien Arm heben, er, der ihn nicht gehoben hatte, als im spanischen Bürgerkriege Pistolenläufe auf ihn und seine Beatrice gerichtet waren und sie beide Arriba España! Viva Franco! und Heil Hitler hätten rufen sollen? Um sie herum lagen die Leichen im Feld, aber Vigoleis hob den Arm nicht, zu geschweigen von Beatrice, die die Mordbrenner voll Verachtung übersah. Da sagte Vigoleis: Schießt, ihr Rotzlöffel - denn es waren junge Burschen, die den Haufen Heilrufer bedrohten - abgezogen den Hahn, ihr seid ja die Stärkeren, heute noch - ob aber morgen? Los! nicht feige sein, wo es um den heiligen Krieg eures Caudillo geht, - hier die Brust!

Die Rotzlöffel zogen nicht ab, mit baffem Maule standen sie da und ließen die Faustflinten sinken; dann hieß es, wir sollten uns aus dem Staube machen, was im heißen spanischen Sommer die einfachste Sache von der Welt ist. Würdig, langsam, immer der Kugel im Nacken gewärtig, verließen wir die Walstatt. Wir hatten wieder eine Schlacht gewonnen. Und hier, wird er den Arm heben? Die bange Frage! Gar keine bange Frage; und keine Bange nicht, mein Leser, du kommst nicht um deinen Spaß. Vigoleis *hebt* den Arm, und der zur Pöbelgeste entartete Caesarengruß geht ihm sogar ganz gut von der Hand; daß es eine Uraufführung war, hätte niemand ihm angemerkt, - hätte? Man merkte ihm nichts an, wo ja die ganze Köpenickiade wie einstudiert klappte.

Also er kroch zu Kreuz, unser aufrechter Ritter Wigalois? fragst du, nun schon leicht empörter Leser. Gar nicht, mein Freund, er setzte nur das Spiel fort, das oben in der Generalstabsredoute begonnen hatte; ein Spiel, bitte, mit dem Tode; denn hätten sich die Kartenkumpane seine *litterae credentiales* einmal näher angesehen, alles wäre gleich aufgeflogen; ein Schuß in den Nacken, und - he! Burschen, schafft den Kadaver hier weg, man verscharre ihn in der Schlackenhalde, und weiter klopfen die Karten auf den Tisch. Du mußt es, mein Leser, anders sehen: denke dir die Läufe der Gewehre, die man jetzt zu unseres Helden Ehre präsentiert, auf ihn und seine Beatrice gerichtet, und er und seine Beatrice hätten sich loskaufen können mit dem Hunkiarschrei, - sei des versichert, die beiden hätten wieder gesagt: schießt, ihr Rotzlöffel, ihr seid die Stärkeren, heute noch - ob aber morgen?

So habe deinen Jux, mein Freund, frage aber nicht, ob ich den meinen hatte, als ich so dahinschritt mit erhobenem Arm, hinter mir die Beatrice wissend, die wohl denken mochte, ihr Vigo sei verrückt geworden; denn daß er Verrat üben könne, selbst bei Rad und Pfahl, das hätte sie ihm nicht zugetraut.

Musik mit Kalbfell und Bombardon war keine auf dem Bahnsteig aufgezogen, kein Tambourmajor schwang den bunten Stab, kein Schellenbaum klimperte, und um die Ecke brausend bricht's, wie Tubaton des Weltgerichts, – so hatte ich's als Zögling einer Kaiser-Wilhelm-Schule aufsagen müssen, am Geburtstage dieses Kaisers.

Außer unseren Schritten war kein Laut mehr zu vernehmen. Die Menschen in den Zugfenstern aber sahen mit Staunen, wie da einem hohen zivil getarnten Haupte mit militärischem Klimbim das Ausgeleite gegeben wurde, – viele von ihnen waren Zeuge gewesen, wie der hinkende Scherge das Paar wollte an die Wand stellen lassen; und nun diese Erhöhung! Als unser feierlich einherschreitender Zug die Spitze des angehaltenen Zuges erreicht hatte, stiegen die Offiziere mit dem Gepäck in das requirierte Abteil.

Der General pflanzte sich vor der Wagentür auf und senkte den Flederwisch. Ich wollte ihm die Hand geben, da merkte ich allsogleich, daß dies ein Fehler gewesen wäre; immerhin hatte ich meinen Arm sinken lassen, und merkwürdig, ich war mir des nicht einmal mehr inne, daß er die ganze Zeit oben in der Luft gewesen war. Wie von unsichtbaren Fäden gehalten, hatte er sein Marionettenspiel vollführt.

Der General klemmte den Degen unter den linken Arm, – wollte er mir die Hand geben? Da merkte auch er, daß dies ein faux-pas gewesen wäre; wieder ergriff er die Waffe, salutierte, ehrerbietig, vor Beatrice, ließ den Stahl sinken, und wünschte uns eine gute Reise. Dann wurde er förmlich, schulterte den Säbel auf echt spanische Art und trug mir Empfehlungen an meinen Führer auf, im Namen des seinigen, und, den Flamberg schwenkend, im Namen seiner Schwiete.

Es rasselten die Wehrgehänge, Griffe wurden geklopft; mit einer alles umfassenden Geste dankte ich, im Namen der Freiheit. Da jeder die Freiheit auf seine Art auslegt, war dieses mein Wort ein gutes Wort, und recht am Platze.

Dann stiegen wir ein, die Servisdeputationsoffiziere wiesen uns unsere Plätze an in dem Abteil, das völlig leer war, - aber natürlich, man hatte ja den territorialen Plebs hinausgeworfen, unseretwegen, die wir auf Kosten eines wirklich pöbelhaften Haufens exterritorial geworden waren.

Die Herren stiegen aus, die Coupétür fiel ins Schloß.

Beatrice ließ sich in den Sitz fallen, sie starrte ins Leere. Die hat es, so übel ihr auch zumute sein mag, überstanden; unser Vigoleis indessen muß seine Rolle weiter spielen, das Stück ist noch nicht zu Ende.

Ich lehnte mich zum Fenster hinaus, unten stand der General, im Halbkreise um ihn geschart die Hauptleute. Ohne mit der Wimper zu zucken, blickte ich jedem der Tapferen unerbittlich ins Auge. Da kam ein Meldejunker angejagt und flüsterte dem General ganz unmilitärisch etwas ins Ohr. Meine Knie begannen zu wanken, - ertappt! An die Wand mit dem Schelm! Nun sagte der General, das Paraderapier wieder hebend: ‚Herr Hauptmann, wenn Sie erlauben, lasse ich dem Bahnhofsvorsteher die Weisung zugehen, daß er dem Zugführer das Zeichen zur Abfahrt gebe.‘

‚Zu Befehl, mein General! Was uns betrifft, möge der Fahrdienstleiter seine Kelle heben.‘

Winke, Getümmel, Pfiffe, ein Stoß ins Horn; und wieder trat der ganze Heerhaufe in die Waffen, der Flederwisch des Kommandeurs hob sich, feierlich, segnend fast, als sei es Altekläre, das heilige Schwert des Heidenschlächters von Roncesvalle; noch andere Säbel sah ich in Hirnhöhe blankern, und wer keinen Mordstahl zum Heben hatte, hob den Arm.

Aber da, was ist das? - ich verspürte einen Zwang im eigenen Arm, - war es der faustische Höllenzwang, der mächtiger ist als Gold und Flinten? Unsichtbare Schnüre zogen ihn wieder hoch, ruckten ihn zum Fenster ganz hinaus, bis er unbeweglich in der Schwebe stand. Ich hörte Vigoleis sagen, mit fester Stimme: ‚Herr General, ihr Hauptleute alle, tausend Dank! Ich werde meinem Führer berichten, was man in Fuentes de Oñoro in großer, und, vielleicht letzter Stunde für ein großes Brudervolk getan.‘

Man schlug an die Schilde, – wie im spielmännischen Hildebrandslied: welaga nu waltant got ... ein gellender Pfiff, das Sirenengeheul iberischer Lokomotiven, der Zug ruckte an, keuchend stampfte die Maschine, Dampf wurde abgelassen; langsam, langsam fuhren wir aus dem Bahnhof hinaus.

Vigoleis, jetzt noch ein paar Minuten! Richte deine Augen stetig auf den General, nimm nur ihn in den Blick, kümmere dich um weiter niemand, auch nicht um deinen Arm, der bleibt noch oben, die Drähte halten gut, der Poppenspäler im Kaste kennt die Regie, – oder kommen die Fäden geradewegs aus dem Himmel, wo unser aller Schritte gelenkt werden sollen? Zum Glück war kein Laternenpfahl da, der ihn unserem Hauptmann von Köpenick abgeschlagen hätte.

Als der General seine Plinte sinken ließ, und die Ehrengarde auf einen weithin verhallenden Ruf in die rührende Lümmelei zurückfiel, fiel auch mein Arm aus der Luft, dann fiel ich selbst in die Polster. Schlotterten die Knie? Wurde es naß um die Fünf meines Hosenbodens?

Ich war wie erschossen, wie gerädert, wie gelähmt, wie ..., doch was biete ich noch Vergleiche mit Lebendigem auf, in Wirklichkeit war ich tot.

Beatrice sah den toten Mann an, selber auch nicht lebendig, – so boten unsere Helden das Bild einer Leichlege, bei der keine Träne floß. Einige Minuten weilte ich dergestalt im Jenseits, der Zug war schon in rasche Fahrt gekommen, im Unterbewußten hörte ich die Schwellen schlagen, da spürte ich auf einmal, wie jemand meine rechte Schulter berührte – also doch! Ich sah mich um, hinter mir stand ein Mann in grauer Uniform, eine rotlackierte Tasche umgebunden, eine Art Zeppelinmütze mit speckig-schwarzem Schilde auf dem Kopf, ein dicker Schnauzbart vervollkommnete das Gesicht, – ein Schaffner!

Der Schaffner sagte, teils auf Spanisch, teils in gebrochenes Französisch fallend: ‚Mein Herr, Madame, Sie brauchen nicht länger Theater zu spielen, wir haben schon portugiesischen Boden unter uns. Sie sind frei! Seien Sie willkommen in unserem Lande.'

Die Gottlosigkeit Gottes
oder
Das Gesicht der Zweiten Insel

Ob er denn immer so rase wie jetzt, fragte ich den Freund des Dichters, der selber auch dichtete.

„Mit solcher Geschwindigkeit - der Zeiger stand auf 160 - eigentlich nicht“, wiewohl er es auch immer eilig habe; indes heute gelte es, uns so rasch wie möglich dem verehrten Meister abzuliefern, einen heißeren Wunsch könnten wir kaum in unseren Herzen hegen.

Was ich, fürwahr, in meinem Herzen hegte, war das Verlangen, auszusteigen und zu Fuß oder auf einem der kelt-iberischen Ochsenkarren mitsamt meiner Beatrice die Flucht- und Pilger-Reise zu vollführen. Denn daß wir in Lebensgefahr schwebten, war uns beiden klar geworden. Was aber dieser verteufelte Anwalt und Intimus des Dichters damit erreichen könne, dem Schloßherren gleich zwei Leichen oder gar deren drei ins Morgat zu bringen, wo dieser sowieso mit dem Tode auf Kriegsfuß stand, wie aus allen seinen Büchern hervorgeht, das mußte ein Rätsel bleiben, vorderhand.

Was nun die Häufigkeit dieser Fahrten in den Norden des Landes betreffe, fuhr Doktor Angelo fort, wobei er mit einer Blitzeswendung wieder einem Ochsenhorn die Gelegenheit nahm, durch die Scheibe in eines unserer Augen einzudringen, - „ich fahre so zwei oder drei Mal in der Woche diese Straße, da kenne ich jede Kurve, jedes Schlagloch, jede Bodensenke, ja, ich steuere meinen Wagen, wie Sie sehen können, nahezu blind.“

„Eine treue Freundschaft, das! Immer fahren Sie also zum Dichter auf sein Weingut?“

„Ich fahre, ungeachtet unserer freundschaftlichen Bindung, in die Berge des Marao, dort habe ich Erzgruben, und im Erz habe ich Gold gefunden." „Gold? Sie schürfen.?"

„Ja, ich schürfe nach Gold, es ist vererztes Berggold. Ihrem Vaterlande entflohene Geologen beraten mich, – aber das werden Sie noch alles kennenlernen."

Da erinnerte ich mich, daß Pascoaes mir in seinen Briefen zuweilen Andeutungen gemacht hatte über einen jungen Freund, der Anwalt sei, Politiker, Ex-Minister, und er dichte auch und habe obendrein das andere, lautere Gold entdeckt in den Erzgängen des Bergzuges Marao.

Eine rabenschwarze Landschaft hatten wir durchrast, – es seien Steinbrüche, erläuterte uns der Goldgräber, Schiefergebirge, das werfe einigen Gewinn ab. Doch hoffe er, es mit seinen goldführenden Erzminen etwas weiter zu bringen als der Staat.

Ob er denn glaube, vom Golde einmal zu schweigen, den Dichter zu Hause anzutreffen.

„Der Dichter ist immer auf seinem Gut, und wenn ich ihn nicht so hie und da mitnehme in die Gruben, kommt er nie oder selten über das Weichbild seines Morgats hinaus."

„Und seine Mutter? Die muß uralt sein."

„Neunzig, hundert, – niemand weiß das auf ein Jahrfünft genau; zudem darf im Schloß über Altersfragen nicht gesprochen werden, der Tod ist sacrosanct."

Die Landstraße war nicht sehr belebt, zum Glück für uns. Außer den Ochsengespannen, geführt von barfüßigen Männern mit langen Stöcken, die oben mit einer Nagelspitze versehen waren, mit denen der Hintermann den ausgemergelten Tieren die Hinterbacken stachelte, sie ein wenig aufzumuntern in ihrer hungerplumpsigen Gangart, sahen wir Automobile, alte Kästen, doch auch Rolls-Royce-artige Herrschaftschaisen, mit eleganten Chauffeuren im weißen Staubkittel; Lastwagen, Volksomnibusse und am Straßenrande dahertrippelnd viele, viele Frauen und Mädchen mit der niederen Stirn des

Landschlages; darüber, also auf dem Kopfe selbst, die schweren Lasten: Körbe mit Früchten, triefenden Fischen, Maisbroten; was alles sie mit völlig ungeziert ziemender Anmut balancierten, und, leicht vornübergebeugt, dergestalt trugen, als sei der Korb, das Bündel Heu, Maisgeströhde, die Korbflasche, der Tonkrug durch ein federndes Kardangelenk mit dem eigenen gelenkigen Körper anatomisch verwachsen. Wo der technisch geizige Schöpfer an seinen Geschöpfen eingespart hat, geudet die Schöpfung nach mit Eigenem, - was zu ihrem Untergange beiträgt.

Eine Trift Schafe stob in die Felder, - nicht ein Stück wurde vom rasenden Angelo überfahren, die Hirtenhunde hatten den Wagen kommen sehen und die blöde Herde recht zeitig außer Gefahr gebracht. Im Reich meiner Väter gab es zu beregtem Jahre leider keine Hunde, dem verschütteten Instinkt der Herde Mensch den Weg zu weisen. So kreiste das Volk sich ein. Wir fuhren jetzt mit einer Geschwindigkeit, die gegen 180 ging, der Wind pfiff; ein verdammt guter Wagen, dachte ich, ebenso plump, wie gelenkig, ein Wunder der Technik, und wenn wir so weiter sausen, müßen wir bald in Amarante sein.

Wir biegen ab vor der Stadt und es geht bergauf, einige Sekunden lang, dann bremst der Fahrer scharf, die Reifen heulen, er sagt, zu spät natürlich: Achtung!, wir fliegen nach vorne, stützen uns ab, der Wagen steht fast still. Niemand hat Schaden gelitten. Doktor Angelo lächelt ob seiner verwegenen Künste, dann eine Schwenkung nach links, wieder gerade, rechts und links der kleinen Straße Weingelände, Reben, Reben; winzige Häuser in ihrer bunten Landestracht, Staub, ein paar Hunde, und Menschen, die sich in die Weingebreiten aus dem Staube machen.

„Häusler“, sagte der Anwalt, „das alles ist schon Pascoaes.“

Erneut bergauf, in mäßiger Steigung, auch war die Nadel des Tachometers um einige Striche zurückgefallen.

Dieses gemächlichere Tempo ermöglichte es uns, kleine nackte Kinder zu sehen, die sich im Mulme spielend wälzten, von kleinen Ferkeln, die mit derselben Schutzfarbe angetan waren, dennoch zu unterscheiden.

Doktor Angelo nahm jetzt den Fuß vom Gas, er ließ den Volvo ausrollen, wir atmeten auf, aber von einem Hause, einer Casa Solarenga, einem Schloß, war freilich nichts zu sehen.

Die ganze Zeit über hatte ich mich gefragt, wie ich den Meister wohl anzureden hätte, ganz gleich in welcher Sprache. Herr Doktor, das erschien mir von vornherein als unstättig. Im größten Handbuch des Weltwissens, dem spanischen Espasa Calpe, wird Teixeira de Pascoaes als Sprößling eines gräflichen Hauses geführt, - doch nun zu sagen, Herr Graf, das ging nicht an. Den Grafen Harry Kessler hatte ich immer nur mit „mein Graf" oder „Graf Kessler" angeredet, indessen jetzt: Senhor Conde des Pascoaes, nö, und nochmals nö, - der Dichter mit seinen liberalen Tendenzen und freiheitlicher Bestrebung würde mich gleich die Freitreppe seines Feodums hinunterwerfen oder zumindest von seinem leibeigenen Troß durch eine andere Öffnung des Solars an die Luft befördern laßen, vorausgesetzt, daß er einem Heer von Ingesinde vorstehe und wir überhaupt lebendig sein geliebtes „Pascoaes" erreichen würden.

Das nun, Vigoleis, solltest du getrost dem Zufall überlassen. Der ist dir in ärgeren Lagen getreulich zur Seite gestanden; ja, er hat zuweilen mit harter Hand in dein Leben eingreifen müssen, dich überhaupt am Leben zu halten, damit du uns hier die Befahrniße dieses Lebens weiter erzählen kannst. Unser Doktor Angelo Cesar, du hast es schon längst festgestellt, spricht immer nur von Pascoaes, wo der Dichter und Anwärter auf die Pairs-Würde seines Landes, sollte es je wieder zur Monarchie auf- oder absinken, sich ja Joaquim Pereira Teixeira de Vasconcellos schreibt, - ist da das schlicht im Gespräch so hingesagte „Pascoaes“ nicht ein Fingerzeig? Zudem sind Dichter und Übersetzer durch eigene Bande verknüpft, die keiner Heraldik bedürfen; sie können ihresgleichen sein, ja sie müssen es sein, der eine im Original, der andere in seiner Einfühlung in die ihm artverwandte Welt, - sie stehen auf ein und derselben Stufe, - kurz, überlasse alles der Vorsehung, die dich an ihn gebracht hat, es braucht längst nicht die eines Gottes zu sein, und bedenke, bitte, jetzt nicht, wie der gesellschaftliche Ton zu finden sei, den du anschlagen mußt, wo das geistige Band längst geknüpft ist, schöner als eine Schärpe bei Hof. Deine Briefe an den Dichter in all den Jahren eurer Korrespondenz, - da hub es immer an, mon cher confrère, estimado con frado, confrater oder einfach Meu Senhor, - das alles ist doch unwichtig in einem Augenblick, wo du in völliger Freiheit einem gastlichen Hause zustrebst, während in den Ländern, die der Führer deines Volkes vernichten will, die Bomben platzen; und man läßt, in der Morgenröte eines neuen vaterländischen Denkens, die bewaffneten Horden überall einschwärmen. Entfacht sind die völkischen Leidenschaften, ein ganzes Volk, dein Volk, brennt in der Waberlohe des Haßwahns auf alles, was nicht seines arischen Blutes ist, - und da sollte dir bangen um ein Wort, - Du, Sie, Herr Graf, Herr Doktor, Euer Gnaden, Gnä’Herr, Confrater, Kollege - hinweg mit all dem Firlefanz, es findet sich der rechte Ton, die gute Lösung, - freilich, in Spanien wäre das alles viel einfacher, da gibt es den Titel Don für jeden, der akademisch gebildet ist oder dann zumindest eine gesellschaftliche Stufe erklommen hat, selbst als Analphabet, die einem akademischen Grade gleichkommt. Unamuno, den nannte alle Welt nur Don Miguel. In Portugal geht das mit dem Dom nicht so ohne weiteres an, das Dom oder Dominus steht nur den Trägern des Uradels aus königlicher Erbfolge zu, somit: Dom Joaquim? Das ist zu gewagt, du weißt ja nicht, ob der Meister in poeticis gefürsteten Ranges ist.

Ehe der Volvo zum Stehen kam, sah ich ein Kind, das wie alle, die wir bisher gesehen hatten, nahezu nackt war. Es erhob sich aus dem Staube, stand noch eine Weile eingeschlossen in der Wolke, trat dann aus der alttestamentarischen Umhüllung heraus und streckte eine Bettelhand zum Wagen hin. Das Wort, das die Geste begleitete, verstand ich nicht.

„Dies ewige Gebettel", sagte Doktor Angelo Cesar, wobei er dem Kinde einen Wink gab, es solle sich aus dem Staube machen, was natürlich einzig zur Folge hatte, daß es wieder zum Staube zurückkehrte, aus dem es gekommen. Wo noch sieht man die Genesis so unbemäntelt dargestellt im Alltag, – et in pulverem reverteris. Das Kind freilich dachte nicht an diese verzwickten Dinge der christlichen Scheinkultur, noch an den Tod; es hatte einfach Hunger und wollte die kleine Münze ergattern für einen armen Brocken Maisbrot.

„Nachher", sagte Angelo, „gebe ich allen etwas, bezahle alle überfahrenen Hühner, Karnickel, Schafe, was immer unter meine Räder kommt, jetzt müssen wir einfahren."

„Einfahren? Hier? Das Schloß?"

„Geduld, mein Freund, noch zwei gefährliche Kurven, totes Getier vielleicht, dann ist das Ziel erreicht."

So gab er denn wieder Gas, unser verwegen-gutmütiger Zubringer, schwenkte die Luxuskarre scharf nach rechts in einen Weg ein, der einem dunklen Torgegänge glich; zur rechten eine hohe Mauer aus gewaltigen Granitblökken aufgetürmt, linker Hand gewaltige Bäume, und über uns das, was der Deutsche mit seiner Waldromantik den Blätterdom nennen würde, wo Barden und Druiden hausen und ihren Zauber üben, wie er ja auch jetzt im deutschen Volke wieder getrieben ward: zurück in die Wilde der Urgermanen.

„Korkeichen", sagte Doktor Angelo, „jeder Baum so an die tausend Jahre alt, und nie geschält! Ein Vermögen steckt da in den Rinden."

Er verlangsamte die Fahrt, der Druidenweg war schlecht gepflastert, das heißt, er war überhaupt nicht mit irgendeiner Packlage versehen, so daß er zerkarstet war wie ein Schrattenfeld. Der Geologe spricht da, soviel ich mich erinnere, von Karren. Tatsächlich hatten die verteufelten Schrunden etwas mit Karre zu tun, wie wir später erfahren sollten. Es waren die von den Scheibenrädern der Ochsenkarren ausgemahlenen Furchen, entstanden in jahrhundertelanger Zugfron, – und niemand im Schloß, der die Zufahrt ausbessert?

Rückwärts geneigt, bat der Anwalt Beatrice um Entschuldigung wegen des Geschaukels, denn wie sorgsam er auch den Volvo lenkte, immer sackte er mit einem Rad in eine Karstrinne, bugsierte sich wieder hinaus und in eine andere hinein, dies alles sehr geschickt, er kannte ja die Schloßprunkschlucht und deren Topographie von Loch zu Loch.

Groß war die Düstere, die uns jetzt umgab, aber am Ende klarte es auf, ich sah wieder winzige Häuser, eigentlich nur Steinblöcke mit einem Eingangsloch, strohgedeckt. Hühner scharrten Löcher hinein auf der Picke nach einem Gewürm, eine Ziege stand unbeweglich auf dem First, verzweifelt über das mulmige Geströhde. Vor der Behausung spielten Kinder, einige Männer zogen ihre Strohhüte und hielten sie ehrerbietig vor der Brust, auch Frauen nahmen ihre Hüte ab und ließen uns wortlos vorüberrollen; sie alle kannten den Doktor Angelo und seine freigebige Hand.

Dieser Angelo ließ nun die Hupe ertönen, langgezogen, dreimal in musisch fein ermitteltem Intervall, dann wieder eine Schwenkung nach rechts, scharf, 45 Grad auf den Strich genau, wir fuhren durch ein großes, schmiedeeisernes Tor: rechter Hand das Rot und Gelb von Orangen, Zitronen, Mandarinen, linker Hand das gleiche Rot von Mandarinen, Zitronen und Orangen, dann vor dem Blick das ragende Einfahrtstor, der Bogen aus Granit; sofort erkannte ich den grandiosen Portikus von einem Lichtbild, das der Dichter mir einmal geschickt hatte; auf den Gesimsen die in Stein gehauenen Rittergestalten der großen Zeit, im Krag das geborstene Wappen des ehemals gefürsteten Hauses, – ehe ich mich noch des Hauses selbst versehen konnte.

Der Wagen stand still, wir waren im „terreiro grande“, das heißt, im inneren Schloßhof.

Ich rührte mich nicht. Beatrice rührte sich nicht. Niemand sprach ein Wort.

Köter, ja, Köter hatten wir viele gesehen auf unserer Fahrt, in den Dörfern, den Weilern, im Felde streunend, dies schuppig-räudige Hungergewölf, – hier hingegen war alles leer, nicht einmal ein Hund, das Hofgeviert – leer. Die Sonne brannte noch auf den rötlichen, fest gestampften Boden, einzig schwarze Schatten lagen wie ausgestochen da.

Noch einmal ließ Dr. Angelo sein Horn erschallen – ein Rolandsruf? Nur ein kurzer Stoß. Dann gab es Getümmel.

„Nous voici“, sagte endlich der Anwalt, obwohl wir, nach all der lebensgefährlichen Hast doch schon eine Ewigkeit in der Stille ausgeharrt hatten. Er öffnete den Schlag und zwängte sich mit seiner beachtlichen Körperlichkeit aus dem Sedan.

Warum, das weiß ich nicht mehr zu sagen, werde es auch damals nicht haben sagen können: eine Sekunde dachte ich an Rilkes Kornet, den ich in meiner Jugend besser auswendig vortragen konnte als der berühmte Dr. Ludwig Wüllner: Und mit verschlagenem Atem stammeln Hörner im Hof – aber hier war doch kein Brand und niemand mehr lag uns auf den Bränden: weit, weit zurück die Waberlohe des Reiches.

Zur Linken die Kapelle, und vor uns die Freitreppe, die nach einigen zehn oder zwölf breiten, ausgetretenen Stufen rechts und links abschweifte, ich erinnere mich an diesen Augenblick, wo ich jede Einzelheit in mir aufnahm; immer noch wie angegossen auf meinem Sitz, meines Atems nicht mehr Herr, den Blick auf das Haus gerichtet; die gerauteten Fenster des Mitteltraktes, das bunte Spiel der Ladrilhos, die granitene Brustwehr.

Aus dem Doppeltor des rechten Porticos schoß jetzt eine winzige Person hervor, ein zwergiges Menschenwesen, über dessen bannend häßliche Zwingnis der Gesichtszüge ich tief erschrak. Dieses knirpsige Geschöpf wieselte die Stufen hinunter, es war eine uralte Frau: die millionenschwere Herrin der Casa Solarenga de Pascoaes, des Dichters Mutter. Ich erkannte sie, zu spät für mein Gemüt, von einem Gruppenbilde, das uns Pascoaes auch einmal zugeschickt hatte.

Hinter ihr trat eine junge Frau ins Freie, mit ernster Würde; lange, leicht gekräuselte Favoris, die schon ins Graue spielten, gaben ihrem Gesicht etwas Hoheitsvolles, doch bezeugte die weiße Kleidung ihren Stand als Dienerin; der Busen platt und in der Wäsche gestärkt wie der Brustlatz eines altertümlichen Frackhemdes. Es war Emilia, die Gouvernante, und später unsere vertraute Freundin, der alles oblag, die Sorge um Mutter und Sohn, Kinder beide. Mehrere Mädchen kamen angelaufen, deren zwei besonders schön waren, junge Dinger, so um die 14, mit der koketten Reife ihres maurischen Schlages.

Doktor Angelo flog die Stufen hinauf und prallte mit der Schloßherrin zusammen, auf dem mittleren Patamar. Sie umarmten sich wie Mutter und Sohn nach langer Abwesenheit. Freilich, von der Mutter war bei dieser fülligen Szene fast nichts mehr zu sehen.

Dann erschien der Dichter.

Sichernd wie witterndes Wild steckte er erst den Kopf durch die Tür und nahm die Lage zur Kenntnis; dann rief er, frohlockend fast: O Angelo!

Dieses „O“ ist kein Laut des Ausrufs, kein Exklamativum, es ist der persönliche Artikel, doch klingt er, vor einem Namen, wie ein Ruf: o Angelo!

Er war für uns das Zeichen, endlich nun selber auszusteigen. Die Knie schwankten mir, aber auch Beatrice stand nicht allzu fest auf den Beinen, als sie nun, unterstützt von einem barfüssigen Diener, der, unsichtbar herbeigeeilt, plötzlich am Wagenschlag stand.

„O Tellen!“, rief der Dichter, kam die Treppe herunter, klein, mager, Haut und Knochen, - doch welch ein Kopf. Die Stirn über sich selbst hinauswachsend, hinaufweisend in jene Gefilde, wo ihm das Mysterium aller Mysterien west, Gott nämlich in seiner erbarmungslosen Gottlosigkeit, den er niederzieht in sein Werk, indes um welchen Preis! Es ist der Preis des Leidens aller Dichter, die an ihrer Unruhe zugrunde gehen. „Unruhe“, sagt Unamuno, „ist erste Menschenpflicht.“

„O Tellen!“ - „A Madame!“

„Ich bringe“, sprach nun Doktor Angelo Cesar mit der Feierlichkeit, wie sie die Stunde gebot, „die letzten Nachrichten vom soeben ausgebrochenen Kriege, und hier, Pascoaes, die ersten Flüchtlinge, sie sind der Hölle entronnen.“

Langsamen Schrittes stieg ich hinauf, machte eine tiefe Verbeugung in die Runde, vor allen, den Herrschaften des Schloßes, Freunden, die zufällig, doch wie immer, sich eingefunden, Dienern, vielen Dienern beiderlei Geschlechts, und dann erst schloß ich den Meister in die Arme. Sein Gewicht spürte ich kaum, als ich ihn stützen mußte, denn ich stand im Gesenk einer ausgetretenen Stufe, und wir wären fast gefallen.

Ich überragte ihn um die Länge meines Kopfes und noch um einen Halbwirbel mehr.

Dann küsste ich der Uralten die Hand, es war die Hand einer Toten.

Ein Wortschwall ergoß sich jetzt über uns, er kam aus ihrem strahlend weiß bezahnten Munde: jeder Zahn ein Vermögen, wie sie uns noch in selbiger Nacht verriet. Von uns sprach niemand ein Wort. Mars, heißt es dann in Romanen, regiert die Stunde.

Befehle wurden erteilt, Weisungen gegeben, immer mehr Dienerinnen, Knechte, kleine Hütejungen, alle barfuß, kamen aus den Portalen, Stalltüren, Remisen; Gott mag wissen, woher sie alle kamen. Nun waren sie da und machten sich über uns und unser Gepäck her; die uralt-Greisige wieselte davon, ich hörte noch, wie sie nach dem Major Domus rief, er möge die Königszimmer aufschließen, worüber der Dichter sichtlich erschrak; und so schritten wir langsam, langsam, fast peripathetisch, im bannenden Gespräch, weiter die Stufen empor.

Pascoaes und Angelo hatten einander umarmt, sie gingen vor uns, jede Rangordnung war aufgehoben, es war Krieg, und wir waren schließlich sowieso alle Dichter. Rückblickend machte mich Pascoaes auf verbrannte Ladrillos des Treppengegänges aufmerksam: „Noch Spuren von der Brandschatzung meines Hauses durch General Soult, im zweiten iberischen Feldzuge. Krieg und kein Ende!“

Eine schöne, stattliche Frau erschien, die ich nun Dame nennen muß; sie war nicht mehr ganz jung, sprach eine verzwunzenes Französisch und nahm sich, ohne daß man uns vorgestellt hätte, mit rührender Selbstverständlichkeit unserer Beatrice an.

„Haben Sie Kanonendonner gehört?“ fragte plötzlich der Dichter, der noch am Buch über „Napoleon, den Spiegel des Antichrist“, schrieb. Er bediente sich der französischen Sprache. – „Wo wird denn eigentlich geschossen? An der Maginot-Linie?“

„Nein, Pascoaes“ – Da war das Wort heraus! – „es donnert in Polen, und wir sind noch weit vom Schuß, wie der Preußc sagt. Vier Tage und vier Nächte nur Flucht, Flucht, – Flucht um unser bißchen kümmerliches Leben.“

„Ach, Tellen“, sagte der Meister, „der Mensch ist nur gegenwärtig, ist nur lebendiger Mensch in den Tränen, die um seine Abwesenheit vergossen werden, das steht in meinem Dunklen Wort, Seite ..., – doch das wissen

Sie selbst. Sie haben es ja schon in zwei Sprachen übersetzt."

So er dies sagte, und ich als sein Übersetzer und späterer Leibhumanist sowieso hinter ihm herging, sah ich, daß des Meisters Hose ein Loch hatte. Links, an gesäßiger Stelle. Aus diesem Loch winkte ein weißer Latz heraus, ein Hemd? Etwas vom Unterzeug? Der Fetzen war schmutzig, oder laß mich sagen: reichlich angeschmuddelt.

Ich erschrak, ohne daß ich abergläubisch sei: war das die Fahne der Kapitulation, sinnbildhaft uns vorgehalten am Ende des langen Fluchtwegs, - eine grimme Vorverheißung an diesem denkwürdigen ersten September des Jahres 1939, wo die seit langem beschwörten Bomben über Warschau niedergingen und Hitler sich anschickte, unter diesem Fanal die Welt mit seinen Wutgermanen zu berennen?

Gibt man durch das Aufziehen einer weißen Fahne zu erkennen, daß man die Feste nicht halten kann, Breschen schon beim ersten Einschlag gangbar geworden sind, und es werden Parlamentäre zu Verhandlungen mit dem Feinde entsandt, dann ist eine solche Flagge, oder sei es ein Fetzen Tuch, blendend weiß, mag immer der Lappen rote Flecken aufweisen, Blut, von dem Mephisto dem Doktor Faustus zu bedenken gibt, es sei dies ein ganz besonderer Saft, zu jedem Bündnis er verpflichte.

Sonach galt noch das Wort Freiheit, und ich mußte an den Schaffner denken, der uns beim Grenzübergang in Vilar-Formoso gesagt hatte, wir hätten schon portugiesischen Boden unter uns, wir seien frei. Ehe ich indessen sein „seien Sie willkommen in unserem Lande" mir ins Gedächtnis rufen konnte, sagt Pascoaes - wir standen auf dem überdachten Vorplatz des Eingangs zum rechten Flügel - „Sie sind frei, seien Sie willkommen im Frieden meines Hauses."

Aber nein, Kapitulation ist eine saubere Sache! Da winkt man mit blütenweißem Zeug. Unser Ziel hieß Freiheit. Hier war sie. Wir strecken die Waffen noch lange nicht. Wenige Stunden später, nach einem kurzen Schlaf im Königssaal, wurden wir zu Tisch in den Remter gebeten. Der Dichter führte Beatricen. Er war in großer Gala. Alles blütenweiß. Freiheit!

Tabakpanik

Der Dichter Teixeira de Pascoaes war ein schmächtiges Männlein, das mit ein paar Mundvoll pflanzlicher Kost bestehen konnte, - Beiderwand aus Haut und Knochen sozusagen, die der blitzende Stickschuß der Nerven jedoch zur kostbaren Toga veredelte. Nur im Rauchen kannte er keine Enthaltsamkeit, da war er maßlos, und wie in seinem Werk, ohne Hemmnis. Selbst wütige Kettenraucher konnten sich nicht entbrechen, in ihm den leibhaftigen Schmauchteufel zu erkennen. Die Stückzahl? Nun, sage ich hundert am Tag, und man entgegnet mir, vielleicht seien es auch nur neunundneunzig gewesen, dann will ich um ein Dutzend nicht feilschen, oder gar auf einem Großhundert bestehen, da ich ja mit dem Doppelschock, das er bei seiner nächtlichen Arbeit in Rauch aufgehen ließ, meine eigene Schätzung weit unterbiete; und von diesen Stengeln - ich gebe es zu, sie waren bleistiftdünn gedreht - lasse ich mir nicht einen abdingen, zumal ich Zeugen beibringen könnte, wie sie Gerard Kersh nicht handhafter aufbietet in seinen Geschichten, wo dem kühnen Traum die nüchterne Wirklichkeit als Propfreis eingesenkt wird. Kurzum, hundert oder zweihundert in einem Etmal, - unseren Dichter konnte das nicht bekümmern, denn er schöpfte aus dem vollen.

Damit bedeute ich nicht die Einkünfte aus seinem schriftstellerischen Werk, das um die Zeit, wo diese Geschichte sich zugetragen, schon gut drei Dutzend Titel umfaßte. Solcher Erlös war der Rede nicht wert, soweit es Auskommen und Geldgewinn in des Bürgers Kasse betraf, ob auch merkwürdig als aberwitzige Bilanz um den Gefrierpunkt herum. Royalties heißen in der Handelssprache die einem Verfasser aus dem Verkauf seiner Bücher zukommenden Gewinnanteile, ein verlegerisches

Schürfrecht, das den Autor um die letzte Ader bringen kann, ein königliches Wort für meist sehr jochbändige Abfindungen. Die hier in Frage stehenden waren das Erträgnis einer fast vierzigjährigen Klausur und Federfron, und der Betrag sei genannt, ganz wie die zwei Stellen vor und hinter dem Komma auf- und abgerundet sind, so daß der Waage Zünglein friedsam innesteht: 57 Escudos und 75 Reis, nach dem damaligem Schweizer Gelde etwa 8 Franken. Dafür hätte sich der Dichter einen minderwertigen Schuh, oder sogar ein Buch oder eine Mandel Eier, freilich nur solche mit leichtem Stich, kaufen können.

Gingen seine Werke denn nicht, fragt mein hochmögender Leser. Nicht wie geschmiert, doch waren es keine Ladenhüter, keines hat man je verramscht oder gar makuliert. Zeitweilig legte der unausgesprochene Bann einer katholisch ausgerichteten Gewaltherrschaft den Verkauf etwas lahm; dafür bot man unter der Hand um so höhere Preise.

Die Kabbalistik der Verleger war sonach noch dunkler als der kryptischste Vers, die verschlossenste Aussage eines Prosabuches, Editionen, die ohne jeden Vertrag zustande kamen auf Treu und Glauben, und für die der Autor nie eine Abrechnung erhielt. Denn die vorhin erwähnte Schandsumme war irgendwann einmal irrtümlich überwiesen worden. Solche Verstöße gegen die geschäftlichen Grundsätze der Verlagshäuser dürfe man nicht allzu tragisch nehmen, meinte Pascoaes, als der betreffende Verleger um die Rückzahlung der Summe bat: es brauche nicht am Geiste zu verdienen, wer mit irdischen Gütern reich genug bedacht sei. Also folgerten die Verleger, die bis auf die Pipa genau wußten, wieviel von dem berühmten Vinho verde de Amarante jährlich auf Schloß Pascoaes gekeltert wurde. Pascoaes, der abgedankte Rechtsanwalt, der abgedankte Richter, der seiner rechtswohltätigen Laufbahn ein vorschnelles Ende bereitet hatte, indem er, treu seiner Erkenntnis, daß der Mensch nicht ein Sünder, sondern die Sünde sei, alle Häftlinge der ihm unterstellten Strafanstalt auf Gottes freien Fuß gesetzt; Pascoaes schämte sich, durch seine Wohlhabenheit Anlaß zu solch verlegerischen Bübereien zu geben, und kaum, daß ein Buch erschienen war, mied er den Verleger wie einen Aussätzigen. Natürlich mußte er dann immer wieder nach neuen Umschau halten, denn solche, die sich von selbst anboten, wies er mit Spott zurück.

*

Es war darum auch eine kleine Sensation in literarischen Kreisen Portugals, als ich, sein langjähriger Brief-Freund, Übersetzer und derzeit auch sein Gast und Haushumanist es fertigbrachte, für das eben im Manuskript abgeschlossene Buch „Napoleon, Spiegel des Antichrist", einen richtigen Verlagsvertrag mit richtigen Paragraphen und richtigem Gerichtsstande aus einem Verleger heraus zu holen, der beim Dichter für opus 41 in der Kreide stand. Der denkwürdige Akt wurde in Portos größtem Café-Hause, dem „Imperial" besiegelt. Eingekeilt saßen wir zwischen lärmender Handelswelt, sprüchemachenden Nichtstuern und stillblickenden Dichtern, deren lauter Tag noch kommen mußte. In jedem iberischen Café-Hause sitzen zu jeder Stunde Dichter und blicken uns an. Weder Pascoaes noch seine schreibenden und nichtschreibenden Freunde begriffen damals, wie das alles so glatt und zukunftsträchtig hatte kommen können, nachdem fast ein halbes Jahrhundert lang der verlegerische Hagel die Saat des geistigen Ackermanns immer auf dem Halm vernichtet hatte. Noch heute, und jetzund mehr denn je, ist es mir ein Rätsel, wie ich diesen Gewaltstreich habe üben können. Denn, selbst ein kleiner Mann der Feder, ob auch der kleinste nicht, habe ich eingestandenermaßen keine glückliche Hand im Umgang mit Verlegern, oder seien es deren Vertreter vom lektoralen General-Eunuchat, und das einfach, weil ich ihre Sprache nicht spreche, wo es mir sonst auf ein paar mehr nicht ankommt. So liegt es nicht in meiner Möge, ihrer consecutio temporum zu folgen; sie jonglieren mit dem Konjunktiv der Nichtwirklichkeit, daß einem der Geist schwindelt, und sie beugen ein Zeitwort schwach, wo der Verfasser eine ganz starke Wendung erwartet. Das führt zu Reibungen, die, seit Gott der Herr die Welt verlegt hat, mit Materialverlust verbunden sind.

Zu meiner Entlastung kann ich indessen anführen, daß der betreffende Verleger den Wundervertrag nie ernst genommen hat; er schlug ihn in den Wind, er ließ ihn in Rauch aufgehen wie die vieltausend Zigaretten, die das Werk beräuchert hatten, und wie die, welche unser Dichter nun am Marmortisch des lusitanischen Compiègne sich drehte, mit nervösen Fingern drehte und rauchte - wieviele wohl? Sage ich drei Dutzend, dann könnte mich der noch unter den Lebenden weilende Kammerdiener José Lügen strafen, und zwar nach unten hin. Er war Beisitzer der Magna Charta. Ein langer rosiger Jüngling aus dem Volke, hockte er vornübergebeugt und stirnrunzelnd im wichtigen Kreis. Das heißt, viel zu furchen gab es auf seiner Stirne nicht; eine Falte hin, eine halbe hinterher, und schon verebbte das Wellenspiel des Unmuts im schwarzen Schopf, der ihm wie eines Falken Haube die Gedanken zähmte. Mit dem allen Schriftunkundigen eigenen Übersinn für die Welt der Zahlen und dinghaften Wert, billigte er nicht, was da um einen ihm unzugänglichen Schriftsatz von mehreren Kilogramm gehandelt wurde. Er witterte Unrat, der dann eben Verrat an seinem Herrn war, den er, der Knecht, auf seine Weise zur Botmäßigkeit zwang. Er warnte uns durch Fußtritte unter dem Tisch, uns Dichter, die wir uns edler, denkender, ja rundheraus hehrer Stirnen erfreuten, auf denen das Ewige thront, während der Verleger sein Vorhaupt unter dem Schatten des Hutes barg und sich das seine dachte.

*

Als der Krieg aus seinem wiegend umböllerten Maginot-Schlaf erwachte und gleich mit dem ersten Sich-Recken-und-Strecken eine Weltgefahr zu werden drohte, befiel unseren Dichter die Angst, es könne der nun rasch um sich greifende U-Boot-Graus zur Folge haben, daß ihm über kurz oder lang der Tabak ausgehe, und dann sei es um sein Werk und somit auch um ihn selbst geschehen; denn keine Zeile ist aus seiner Feder geflossen, die nicht vom Rauch der ewigen Esse gebeizt worden sei. Mein Unken, daß er Jahre, wenn gar Jahrzehnte währen könne, dieser Eitergang der sendbaren Menschheit, erhöhte die Panik so, daß Pascoaes Hals über Kopf beschloß, in Porto Tabak en gros einzukaufen, - ob ich mitkommen wolle? Auch José begleitete ihn, der Kammerdiener, dessen Amt sich in zwei Tätigkeiten erschöpfte: seinem Herrn einmal am Tage, zu ungewissen Stunden, ein Näpfchen heißes Wasser zum Rasieren zu besorgen, und sein durch niemand denn die Muse bedrohtes Dichterdasein mit stets entsichertem Revolver zu bewachen. Es hatte sich nämlich einmal zugetragen - aber das ist eine ganze Geschichte für sich, wenn ich die hier noch einflechte, kommt Pascoaes nie zu seinem Tobak, und die Zahl der versenkten Registertonnen steigt stündlich an.

*

Der Dichter mischte sich den Tabak selbst, aus vielen Sorten, die er im Verlauf der Jahre als die bekömmlichste und dichterisch einsagendste Blende erprobt hatte. Selbst rauche ich, leider, nicht. Ich muß mich mit kleinen Nikotinspritzen begnügen, wie sie mir ein weiser Arzt allum die sieben Jahre vorgeschrieben hat, weil mein Ingezeuch nicht in der Lage sei, diese lebenswichtige Arznei aus dem

Essen abzubauen. So bin ich völlig neutral in meinem Bericht, sieht man von kleinen Bildverschiebungen ab, wie sie der Neid einem Manne eingibt, der nie über das erste Jugend-Erbrechen hinaus gekommen ist, und nun zu alt geworden, sich mit Seibern und Gespei einen Genuß zu erkaufen, der wie so viele andere allzuweit hinter dem imaginären zurückbleiben möchte. Wie mein Vater, zutiefst bestürzt über einen nichtrauchenden Sohn unter vier Brüdern, mir das Rauchen beibringen wollte, - doch auch das führt hier zu weit. Bleiben wir beim Tobak des Dichters.

Die Sorten und das Mischungsverhältnis standen also fest, es blieb einzig die Frage offen, ob die betreffenden Marken en gros noch zu bekommen seien. Des Dichters langjähriger Lieferant auf der Praça da Liberdade, ein Schöngeist, der in seinen Mußestunden die Bücher von Pascoaes las und sich gerne mit dem faszinierenden Kunden über die stichlige Frage unterhielt, ob Napoleon, dem sein Biograph schon hunderttausende Zigaretten zum Opfer gebracht, überhaupt gelebt habe; eine keineswegs müßige Erwägung oder gar Spielerei, so an einer Tabaktheke, wenn man bedenkt, daß es gelehrte Abhandlungen über dieses Thema gibt, kurz und gut, dieser Krämer war in den wichtigsten Sorten leider gänzlich ausverkauft, wie das so heißt. Er kriege sie aber wieder herein, fügte er hinzu, ein wenig kleinlaut zwar, denn auch neutrale Frachter wurden in den Grund gebohrt. Er verwies seinen berühmtesten Kunden an einen kleinen Geschäftsfreund in der Rua do Almada, der lärmigen Straße, wo vorzüglich die Eisen- und Werkzeughändler der Handelsmetropole Portugals ihre Läden und Lager haben.

Dichter und Tabaqueiro kannten einander nicht; sie waren das, was man in einem Laden gemeinhin ist: Käufer und Verkäufer. Tabaquear bedeutet außer rauchen, jemandem Tabak geben und solchen schnupfen, noch obendrein, einen Menschen zum Narren halten, ihn nasführen oder hintergehen. Und Nasenlöcher heißen im Volksmunde Tabaqueiras, was ich nur beiläufig als philologische Besonderheit erwähne, denn derartiger Öffnungen wird hier weiter nicht gedacht.

Da die Reise überstürzt geschehen war, hatte der Dichter sich nicht mit der Sorgfalt gekleidet, die er zu üben pflegte, wenn er, der menschenscheue Einsiedel im Weichbilde seines rebenumblühten Morgats, unter die Menschen ging. Im eigenen Reich wäre er nicht vom niedrigsten Arbeiter seines Weinbergs zu unterscheiden gewesen, hätten sein bedeutender Kopf und die zwar zerfetzten Schuhe ihn nicht über den Troß gestellt. Unser Vigoleis, der ewig arme Flüchtling, war somit vom ausgefransten Halse bis auf die nicht durchlöcherten Schuhe wie seinesgleichen, und sie betraten den Laden.

Der Prätorianer war eigene Wege gegangen; in murrender Übellaune hatte er sich von uns getrennt, vom Dichter ängstlich und neuer Schelte gewärtig nachgeblickt. So gab er dem Schicksal den Freibrief, und wir wandelten schon, ich sage es gern mit so großen Worten, auf der Bahn des Unheils, das Portugal um seinen größten Dichter gebracht hätte, wäre nicht ein kleiner gewesen, der dem Geiste doppelt diente: selbstlos da, wo er sich dem Reime fügt, und um des Brotes, wo er in die Irre geht. Er fiel dem Schicksal ins Gestänge, doch wenig lohnte man ihm solche Reichnis.

*

Wie am Schnürchen zählte Pascoaes dem Krämer die Sorten auf, die er für seinen Verschnitt brauchte, in einer, ich wußte es, stets gleichbleibenden Reihenfolge, die sich als Gedächtnisstütze bewährt hatte. Auch klang sie melodisch schön, fast wie ein Gedicht, ein Leis aus seiner mystischen Klösterei.

Der Ladner, vom Rhythmus wenig, vom Geschäft aber umso strickender angetan, hatte, weiß Gott, alle die gewünschten Blenden, und von jeder legte er ein Päckchen auf die Theke, umständlich, als handhabe er eine zerbrechliche Ware. Der Dichter improvisierte überdem seine Philosophie: mit ein paar Worten trumpfte er Pfeife und Zigarre ab, worauf er seine Hausmischung für Zigaretten als die beste pries. Parazels habe seine Heil- und Scheidekünste, Mantik und Alchimie, Mystik und Kabbala nicht feiner auf den Grudelöchern seines verräucherten Geistes zum Elixier verbrauen können, als er es mit seinen Tabaken mache; der Geist werde bei seinem Verfahren nicht kühnlicher erlöst als in den Kupellen des Bombastikers von Hohenheim.

Solche ganz unverbindlich die Gedanken um seinen Tabak verbindenden Sprüche tat der Meister nicht mir und meinem Vigoleis, die wir ihm noch aus dem Stegreif eben dunkle Rede und halbe Antwort hätten stehen können, seit vielen Jahren geübt in den Seiltänzeleien seines von Wort zu Wort beängstigender sich spannenden Werkes. Er warf sie über die Theke hin, wo der Krämer stand, als guter Portugiese an geschwögene Rede gewöhnt, - aber solche? Statt denn auch urgescheite Gegensprüche zu ersinnen, schlug er die Ware kopfschüttelnd ein und nannte den Preis. Das war die reine Bagatelle, woran indessen der Dichter merkte, daß er vor lauter Tabakerei vergessen hatte, die gewünschte Großmenge anzugeben: so und soviele Kilogramm, das seien vermutlich so und soviele kubische Meter, und das bezahle er bar und blank.

Ob er Großhändler sei? Ob er gar wohl den Kleinhandel kaputthamstern wolle? Dies wurde schon mit dem Unterton der Feindseligkeit vorgebracht.

Aber Nein! Da sei Gott vor! Er, er habe zum Tabak nur sein privatisierendes Verhältnis; Handel sei ihm so wie so zuwider; zudem lebe er draußen auf dem Lande; als Philosoph teile er die Ehrbarkeit mit den Bauern, was man bei Montaigne nachlesen könne; es heiße sein Sprengel São João de Gatão, nach jenem Portius Cato benannt, der vor ihm dort geschaltet habe, falls er, der Tabakmann, überhaupt wisse, wo dieser heilige Flecken Erde gelegen sei; und dortselbst befinde sich auch sein Teufelsgaden, wo er, im Bunde mit den Gestirnen der Nacht, die Ballen Tabak den göttlichen Verwandlungen unterwerfe, - oder müsse er sagen: den Verwandlungen ins Göttliche? Aus dem Dörrgemüse der Tropen schlage er Feuer; dieses Agens verwandele er in Rauch, den Rauch in Papier und Tinte; Druckerschwärze gebe allem den schwarzen Anstrich, und aus dem Ganzen könne man ihm einen Strick drehen, allzumal in dem wieder angebrochenen Mittelalter ... Er habe gesprochen.

Selbst nur um eines Atems Länge den Häschern der braunen Inquisition entronnen, konnte ich mich nicht entbrechen, dem Rauchwarenhändler die Gefahren zu bestätigen, in der wir alle schwebten.

Dem Manne hinter der Tonbank war es unterweil doch blümerant geworden, er schielte nach der Tür, wohl in der Hoffnung, daß kräftige Eisenmänner seiner Straße kämen und ihm beistünden, wenn wir seltsamen Kunden zum offenen Angriff übergingen: ein Prügel hervorgezogen, der Schlag über den Kopf und ab mit der Ware und der Kasse!

Stillschweigend packte er den Kram wieder aus und räumte alles beiseite.

Das Unbehagen dieser braven Haut war nicht unbegründet. In jenen Tagen streunten hungrige Flüchtlinge aller Zungen durchs Land; man hatte schon Läden geplündert; manch einer war mit der Zeche durchgebrannt, der zuhause nicht einmal die Kirchensteuer zu hinterziehen gewagt hätte. Der Mitmensch des auf den ersten Blick so reichen und über die Maßen gastfreundlichen Landes wurde geprellt, wo immer es anging. Man war auf der Hut. Und dies Unerhörte: faustdicke Edelsteine waren den Juwelieren angeboten worden von Leuten, die aussahen, als könnten sie sie nur gestohlen haben. Vor der Polizei wiesen sie sich jedoch aus als Träger großer Namen und Titel, die nun die Pilgerfahrt ins überseeische Exil fortsetzten, solch funkelnde Kieselsteine im Schuh. Und so manch einer Frauensperson, die einzig die Erbse der Armut unter der Sohle drücken fühlte, der blühte nun das feile Gewerbe unterm Muschelhut, wo sie früher nicht so mir nichts dir nichts für ein Nadelgeld auf die Straße gegangen wäre. Der Fleischmarkt ward gut beschickt, schnell wurde man handelseinig. Der Heerbann des Verfolgers nämlich lagerte am Fuß der Pyrenäen. Das alles wußte auch unser Tabakmann. Wir Großaufkäufer waren ihm darum ein verdächtiges Paar, das Düsteres im Schilde führen mochte. Im Munde führte es Gott und den Teufel in wirrer Folge.

Der Dichter sagte: „Mann Gottes, guter Freund. Sie tun recht, die Päckchen beiseite zu räumen, denn mitgenommen hätte ich das Rohmaterial für meine Häresien ja doch nicht." Dabei klopfte er mit den knöcherichten Fingern seiner schönen Schreibhand auf die geschwollene Aktentasche, die auf der Theke lag. Sie war vollgestopft mit Manuskripten. Ging er nämlich auf Reisen, dann steckte Pascoaes alle Arbeiten zu sich, angefangene und vollendete, beseelt von der kindlich rührenden Hoffnung, es könne ihm einmal das Glück in Gestalt eines idealen Verlegers über den Weg laufen und den Klumpen Gold ihm abnehmen, wie im Grimmschen Märchen von Hans im Glück, das ich ihm kurz nach unserer Notlandung auf seinem Schloß erzählt hatte: gedient habe auch er, treu und ehrlich am Wort, und viele Male die sieben Jahre. Doch ob er je, wenn der Stein in den Brunnen gefallen, so leichten Herzens und frei von aller Last werde springen können wie das deutsche Knechtlein? Pascoaes litt sehr an jedem fertigen Buch, zumal wenn es dann nicht erscheinen durfte. Er stand auf allen schwarzen Listen seines Vaterlandes.

*

Der Tabakmann konnte den geheimen Zusammenhang zwischen der verschlissenen Ledertasche und den feuernen Ketzereien nicht ahnen, weshalb ihm um so Ärgeres schwante. Höllenmaschinen explodierten damals allerorten; sogar in einem friedlichen Haus der Freude hatte ein Kunde seinen todbringenden Wecker ablaufen lassen, was von alt und jung sehr gerügt wurde. Ganz von dem Ungewöhnlichen, das da an ihn herangekommen war, wurde der Krämer indessen erst ergriffen, als der Kunde seine Börse zog und in Scheinen hinzahlte, was der hurtige Zwangskauf so in Bauch und Bogen kosten mochte; es waren viele Lappen, so viele selbst, wie ich deren nie in der Hand eines Dichters gesehen hatte; und bei Gott, ich kann sagen, daß es mir an Umgang mit dem Musenvolke nicht gebricht. Das lief hoch in die Tausende.

– und da habe er denn, guter Tabakmann, auch noch seine Adresse, er möge alles aufs schnellste besorgen lassen, und tausend Dank!

Ob er ihn tabakieren wolle? erlaubte sich der kleine Händler denn doch zu fragen, und er wies auf den Haufen Geld, der vor ihm lag.

„Mitnichten", sagte der Dichter, „das Jahrhundert des Rapees ist leider vorbei; mein Vater selig hat noch geschnupft, – und dann Gott befohlen."

Der Tabakmann schob das Geld mit der flachen Hand dem Dichter wieder zu, doch der rührte es nicht an, riß aber die Tasche mit den Manuskripten habgierig an sich, als ich sie ihm abnehmen wollte. In solcher Überstürzung vergaß er überhaupt zu fragen, ob der Laden lieferfähig sei. Tabakpanik des Rauchers, der seinen letzten Stengel verglimmen sieht?

So gingen wir. Am Ausgang der Rua do Almada begegneten wir dem Kammerdiener, der, statt seinem mystischen Herrn Vorhaltungen zu machen, sachlich und überlegen berichtete, er habe einem Großhändler die Mischung in Auftrag gegeben, der Ballen werde in den kommenden Tagen nach Pascoaes geschickt.

Da schlug der Dichter das Zeichen des Kreuzes, und

auch ich besegnete mich im Namen aller Tabakheiligen: sollte das eine unselige Vorbedeutung sein für einen dreißigjährigen Krieg?

Der ideale Verleger lief uns nicht über den Weg; wohl machte Pascoaes einen Bogen um eine Verlagsbuchhandlung, wo eines seiner vergriffenen Bücher widerrechtlich nachgedruckt wurde.

Abends konnten wir das allabendliche Gespräch im Teufelsgaden seiner Bibliothek fortsetzen. Begreiflicherweise war das Geplauder stark von Parazelsischen Ideen angeräuchert, dem allem der Dichter mit seiner Hausblende die höheren Weihen gab. Der Klumpen Gold aber, den er wieder nach Hause hatte tragen müssen, lag zwischen Werkzeugen, Gartengeräten, Büchern und tausenderlei Krimskrams verloren auf seinem Schreibtisch.

*

Welches Unheil über dem Haupte des Dichters geschwebt, das erfuhren wir, noch waren die Tabakballen nicht abgeliefert worden. Ein langjähriger Freund des Meisters, namhafter Rechtsanwalt, verschlagener Politiker und poetisch verspielter Freigeist, Inhaber von Erzgruben, wo er auch Gold schürfte, Katholik, Atheist, Anarchist, Kunstsammler, von aller Welt nur Doktor Angelo genannt, großer Wein- und Speisekenner, der diese Wissenschaft auch alltäglich und ausgiebig anwandte, und der im Buche über den „Christus von Travassos" von unserem Meister verewigt worden ist, wie er auch in diesem meinem lusitanischen Memorial ausgiebig behandelt wird, Angelo, der Alleswisser, brachte uns die verzwunzene Kunde. Man könnte ihr gut zum Geleit das spanische Sprichwort beigeben von den Portugiesen, deren nur wenige seien, doch diese wenigen seien platterdings verrückt: los Portugueses pocos y estos pocos locos. Ein so der Locura verpflichtetes Volk wie das spanische muß ja am besten wissen, wo seinesgleichen zu finden ist. Mag auch ein politischer Limes seit den Schwertstreichen Dom Affonsos Henriques ein Stück der Iberischen Halbinsel abschnüren, noch siedelt die Locura zu beiden Seiten wunderbar, obwohl hüben atlantisch gemildert, wie schon die vokalische Dämpfung der Sprache zeigt. Wer könnte Iberien lieben ohne diese gegen den eigenen Schatten eingelegte Lanze? Doch hier des Doktor Angelo Bericht:

Der Tabakmann von der Rua do Almada hatte einen Freund, der vielleicht sein Kunde war, oder beide streckten sie ihre Stiefel demselben Stiefelputzer auf den Schemel, – es berühre uns hier fürder nicht, was sie zusammenhielt. Dieser Freund war Psychiater, er leitete die Irrenanstalt der Stadt Porto und war, wie alle Irrenhausdirektoren, ein höchst gefährlicher Mann für jeden halbwegs vernünftigen Menschen, der ihnen in die Finger fällt. Dann ist es bis zur Zwangsjacke nur ein Schritt, und, einmal gut verschnürt, gäbe es zur Ent-Bindung nur den Kaiserschnitt der Vernunft. Wo ist diese aber aufzutreiben in einem solchen Hause?

Hätte Pascoaes den Rauchwarenhändler um die Ware geprellt, statt ungezähltes Geld die Menge auf die Theke zu legen, man hätte die Polizei auf uns aufmerksam gemacht. Angesichts der vielen Banknoten aber, und im Ohr noch den Nachklang jener Parazelsischen Hirngespinste; dazu das wenig einnehmende Äußere der Käufer; ihr seltsames Gebaren, das verschwörerische Mienenspiel vor allem des schmächtigen Männleins; und wissend auch er, der Tabakmann, was damals jeder wußte, daß in den vom Kriege überrannten Gebieten manch ein Gefängnis, manch ein Irrenhaus um seine Gitter und somit auch um die Dahintergesperrten gekommen war: – das lief nun alles wieder frei herum, wie Tiger und Löwe in Goethes Novelle; doch wo war das Knäblein, dessen sanftes Flötenspiel die Bestien zu Lämmern macht? Gott und Kunst, Frömmigkeit und Glück, heißt es da, müßten ihr Bestes tun. Der Krämer zögerte darum auch keinen Augenblick, kaum waren die privatisierenden Tabakkäufer über die Schwelle, seinen irreleitenden Freund anzurufen.

So wie Geist ein unendlich vieldeutiges Wort ist, sind die Störungen des Geistes noch viel vieldeutiger, was jeder bestätigen kann, der sich von Staates- oder Berufes wegen, oder sei er ganz allgemein am Verfall interessiert, mit diesen Problemen beschäftigt. Es gibt Geisteskranke, die in so hohem Grade aus dem seelischen Gleichgewicht geworfen sind, daß sie sich für völlig normal halten, wohinwieder völlig normale Menschen in die Zwangsjacke gesteckt werden, weil man ihre hochentwickelte Mimikry falsch auslegt. Auch kann es geschehen, daß in der Telefonzentrale einer normalen Irrenanstalt der Hörer von einem Geisteskranken abgenommen wird, der ein ganz vernünftiges Gespräch führt, bis der Wärter ihn wieder in seine Zelle sperrt. Wir wissen ja nie, wenn wir einen Irrenarzt anrufen, wer da antwortet. Die Verwicklungen sind darum groß, und auch in unserem Falle droht alles in die Irre zu gehen.

Der Tabakmann also rief das Irrenhaus an, nebenbei bemerkt die menschenfreundliche Stiftung eines begüterten Grafen, Conde de Ferreira, und bat, ihn mit dem Direktor zu verbinden. Wer er denn sei, daß er so ohne weiteres den Direktor selbst sprechen wolle?

Er sei der und der, genauer gesagt, der Tabakmann von der Rua do Almada, es handele sich um einen Entsprungenen; der müsse wieder eingefangen werden, – ja, gemeingefährlich.

Wer, so des Doktor Angelo Bericht, sei gemeingefährlich? Der Direktor doch wohl nicht!

Nein, er wolle ja nur den Direktor persönlich sprechen, in dieser Irrensache, zudem seien sie befreundet.

Der Irrenwärter, der zufällig statt des Telefonisten oder eines Geisteskranken die Zentrale bediente, sagte dem Tabakhändler, der Chef sei abwesend.

Das war er tatsächlich, der Herr Direktor, er war abwesend, nicht nur im Geiste, sondern er war überhaupt nicht da. Gottes Finger war im Spiel, er hatte bereits einem Schutzengel die Weisung erteilt, unseren Dichter zu überschatten.

Nach längerem Gesprächsel verband man den selber unruhig gewordenen Krämer mit dem Ersten Assistenten, der, ungehalten über die Störung, den Hörer abnahm. Er schrieb nämlich gerade an einem Gedicht, statt sein Irrenjournal beizuschreiben, was ja für viele auf ein und dasselbe hinausläuft.

Als der poetische Seelenforscher den Namen Teixeira de Pascoaes hörte, tauchte er aus seiner mystischen Versenkung empor in die reine Luft des Geistes, was an sich schon wieder Geist bedeutet.

„Pascoaes, sagen Sie? Teixeira de Pascoaes? Und ein Entsprungener gebe sich für ihn aus?“

In dem Kunden, der sich so genannt hatte, der ganze Ballen Tabak aufkaufte, um daraus Bücher zu verfertigen, der arge Grimassen geschnitten habe, eine Höllenmaschine in der zerbröckelten Ledertasche mit sich herum trage und sie bedeutungsvoll auf den Ladentisch gelegt, – in diesem Vogelfreien verehrte der Dichterling mit Doktorhut und Irrenpatent seines Landes größten Dichter seit den Tagen von Sa da Miranda und Luiz de Camões.

An beiden Enden der Leitung, erzählte Angelo weiter, sei das Gespräch immer hitziger und wirrer geworden. Der Tabakhändler habe nämlich geargwöhnt, daß man ihn nun auch noch am Telephon des Irrenhauses tabakeieren wolle, wessen er sich denn doch zu verwahren bitte. Mehrmals sei das unvermeidliche Wörtchen verrückt gefallen, in einem Atem immer wieder mit dem größten Dichter. Größter Dichter!

Dann griff sich der Krämer an den Kopf, er schlug sich mit der Faust an die Stirn, denn jetzt hatte auch er seine Erleuchtung. Was immer wieder geschieht und was ich auch angedeutet habe, das sei geschehen: ein der Zwangsjacke Entschlüpfter habe sich Zugang zum Telephon verschafft und den Irrenarzt gespielt. Somit wäre er an einem Tage zwei Verrückten ins Garn gelaufen, und das sei ihm doch zu verrückt.

Lobsame Handelsbalz

A-òel! A-òel! Vodden! Vodden!

Im Windfang zwischen Wachen und Schlaf, jener Dämmerhalde, wo des Tages Lichtschmelz ausfließt in die Schatten der Nacht, klingen die Töne noch nach, die mich in einer fremden Stadt haben aufhorchen lassen. Sie können stärker sein als die jedem Ort eigenen Nachtgeräusche, an die ich mich bald gewöhne, zumal wenn es sich um das rein technische Getöse verfeinerter Zivilisationen handelt.

Sieben Jahre habe ich in Amsterdam gelebt und sieben Tage in Venedig. Die beiden Rufe, á-òel und vodden, sind der stärkste akustische Eindruck, der mir aus diesen Städten im Ohr verblieben ist, Städten, die man gerne miteinander vergleicht.

Daß freilich alle Vergleiche hinken, ist mir, der ich mich ständig und unbekümmert auf solche versinnlichende Bildrede einlasse, genauso bekannt wie den alten Römern, die das Wort geprägt haben: omne simile claudicat, vermutlich auf Grund der Alltagsweisheit noch älterer Griechen. Sei dem so oder anders, es ist viel Wahres an dem Wort, wie an jedem Sprichwort, und ich will niemandes Rede Lügen strafen. Im Gegenteil, der Vergleich kommt mir hier gut zupaß, und so stelle ich zwei Gestalten der Pfahlsiedlungen kühn nebeneinander: den durch seine Romantik klassisch gewordenen Gondoliere Venedigs an die Seite des Amsterdamer Vodden-Mannes. Ja, ich gehe noch weiter und billige dem unbenamten Rufer nach Lumpen, Knochen und altem Eisen nicht nur eine höhere, beschwörende Bedeutung zu, sondern erkenne auch die größere gesellschaftliche Verantwortung seiner Lebensaufgabe.

Mit dem für deutsche Handelsbegriffe altehrwürdigen Dreiklang habe ich es schon vorwegnehmend angedeutet:

„vodden“ ist alter Plunder, den man für ein paar der kleinsten Münzeinheiten immer noch an den Mann bringt; und wenn der auf der Poppa seiner Gondel stehende Schiffer Venedigs den ihn ausweisenden Ruf erschallen läßt, so ist damit auch nichts Erhebenderes laut geworden, denn „a-òel“ bedeutet lediglich „paß auf“ oder „gib acht“. Dennoch ist der Venedigsche Warnrufer eine weltberühmte und historisch beahnte Gestalt, wogegen Amsterdams Altrüscher kaum jemandem der Rede wert erscheint. Von ihm gibt es keine bunten Ansichtskarten, niemand malt ihn, ja er wird nicht einmal von den Touristen geknipst. Vom Gondelmann hingegen gehen täglich tausende Aufnahmen in alle vier Örter des Himmels. Was seine Geschichtlichkeit betrifft, so ist der Gondeler zurückzuverfolgen bis in das Jahr 1094, eine Zeit also, wo Amsterdam nicht einmal als Dorfkeim an der Amstelmündung bestand. Das genaue Gründungsjahr dieser Stadt steht überhaupt nicht einwandfrei fest; was Wunder, daß es schwierig ist, das Aufkommen ihres ersten Plunderburschen mit wissenschaftlicher Treue nachzuweisen.

Es gibt Gondelfergen, die Geschichte gemacht haben; Buben, die käuflich waren für jede noch so meuchelische Tat; und Glanz und Reichtum Venedigs wären ohne die verschwiegene Beihilfe dieser Stehruderer nicht einmal denkbar, so wie gewisse berüchtigte Liebeshändel am Wiener Hof ohne die Fiaker nicht zu Reife und Verderbnis hätten gedeihen können. Das waren stolz-willfährige Gewerbe, stumm wie die Nacht und treu wie Gold im Schleichverkehr; wohingegen der historisch viel jüngere Kaupelmatz Amsterdams bei Einbruch der Dunkelheit sein Gefährt in den Schuppen stellt. Er ist ein ausgesprochener Tagmensch geworden, dessen Broterwerb keiner tarnenden Schatten bedarf. Das Fahrzeug der Bestätter menschlicher Fracht in Venedig ist jedermann bekannt, es hat sich im Laufe der Jahrhunderte kaum geändert: die schwarze, an einen Sarg gemahnende Schalde. Sie befindet sich gleichsam unter Denkmalschutz, wie auch der Führer der Barke selbst, dessen Tracht ebenso uniform ist, ganz wie es der Gewaltherrschaft des Fremdenverkehrs entspricht, in dessen Soldmacht er steht und rudert. Der dreirädrige Rumpelkarren des Gelärrkrämers im nordischen Venedig hinwieder ist eine geniale Weiterentwicklung des Fahrrades, jener fünften Gliedmaße des Holländers, ohne deren Hilfe er sich kaum noch von der Stelle bewegen kann. Nimmt man ihm dieses Vehikel weg, sagen wir durch Diebstahl, was im Holländischen noch „entfremden" heißt, in der ureigentlichen Bedeutung des bei uns auf Abwege geratenen Wortes, dann kommt er in die Lage so manch eines Schaltiers, das auf den Rücken gefallen ist und seine liebe Not hat, sich wieder auf die Beine zu bringen. „Bakfiets" nennt man das so entstandene Gefährt, also Kastenrad. Es ist ein nicht sehr handliches Getüm, dafür um so tretbarer; doch bedarf es eines starken Menschen volle Stoßkraft, es ins Rollen zu bringen. Zumal wenn eine Grachtenbrücke genommen sein will, muß der Radler sein ganzes Körpergewicht und den zusätzlichen Muskelschwung auf die Pedale übertragen, damit die toten Punkte überwunden werden, die bei jeder Umdrehung des Kettenrades zweimal auftreten. So sind denn deren viele zu bezwingen bei Brücken, die fast so hoch geschwungen sind wie Venedigs Rialtoponte. Wo nun der Ferge des Südens auf seiner klassischen Brackwasserbahn dahinrudert, immer den gleichen, geringsten Widerstand an Bug und Kiel, wie sauer muß sich da der namenlose Kastentrotter des nüchternen Nordens sein Brot verdienen.

Erschüttert einzig vom Gerumpel seiner Tretbenne, die sich beim Ärmsten der Gilde auf scheppernden Felgen dreht und dann wie der Schüdderump vergangener Zeiten anmutet, läßt ihn, den Kaupelbruder, der Handel, von dem er lebt, eigentlich unerschüttert. So innerlich hochgefreit tritt er sich auf seinen Läpperzügen durch die

Straßen, die Haderlade an der breiten, von schwieligen Händen geblänkten Lenkbarre vor sich haltend, tagaus, tagein, sein ganzes Leben lang; und in genau berechneten und psychologisch fein erspürten Abständen läßt er seinen Schacherschrei erschallen, den Balzruf seiner Krämerei. Wer ist nicht schon zusammengefahren oder zumindest betreten stehengeblieben in Amsterdams Straßen, als er dieses nach Stimmlage, Stimmhöhe und Rhythmus stets wechselnde, oft wie ein Gebell aus dem Rimbu brechende Stotterwort zum ersten Male vernahm?

Mich hat dieser Ruf ebenso fasziniert wie anfänglich auch geängstigt, und er erinnert mich heute noch in weiter zoologischer Bildbeziehung an den Laut einer Raubmöwe, die ihre Opfer belauert und sie so lange mit dem Schreizauber bestrickt, bis diese ihre Beute, auch wenn sie schon gekröpft ist, ihr gewissermaßen ausliefern. Aber bitte, Amsterdams Altkäufler ist keine Räubernatur; wenn er indessen sein Revier abpirscht, hypnotisiert sein Grempelgebell die Hausfrau, denn es dringt durch die blitzblanken Riesenfenster in jede Stube.

Er fährt langsam, unser Kauderbas, man könnte fast von einem Schnüren sprechen. Dabei wendet er den Kopf nach rechts, nach links, ruft hinauf und hinunter; zuweilen auch dreht er sich nach rückwärts, mit lässiger Eleganz im Sattel rutschend, und jagt einer Häuserzeile noch einen besonders modulierten Vodden-Ruf hinternach – und siehe, ein Schiebfenster geht auf, hoch oben; da und dort; da und dort öffnet sich eine Tür; man winkt, der Grempler nickt, doch bevor er absitzt, hat er noch seinen großen Augenblick, den dramatischen Hochtrab, die fast gauklerische Gebarung, die ihn weltweit über den Poppe der Lagunenstadt erhebt, im bildlichen wie auch im sinnbildlichen Geist: Er nimmt einen Fuß vom Pedal, zieht darauf das Bein ganz zurück und läßt sich, auf dem anderen stehend, von dem noch im Fahrschwung befindlichen Rad in die Höhe heben, bis an den toten Punkt, der ihm das Leben sonst so vergällt. Das ist sein Bremsweg, rein technisch betrachtet, aber zugleich auch sein königlich gebietendes Zeremoniell, seine Machtvollkommenheit, das Faustrecht für die Dauer, wo auch die Brust sich hebt im tiefen Atem. Dann ist der hohe, aber auch tote Punkt erreicht, der Rollpfragen steht still. Der Handel kann beginnen.

Wer meine Bücher kennt, der weiß, welch eine geringe Meinung ich habe vom Menschentum; daß es aber auch für den Erdling kein Erbarmen gibt, von Geschlecht zu Geschlecht unter dem Unstern des Seins geboren. Das ist meine hausbackene Weisheit, die mich dazu führt, hier denn die Frachten der beiden Fergen gegeneinander auszuspielen. Das Zünglein der Waage schlägt natürlich zugunsten meines Amsterdamer Ramschsammlers aus. Sein Bafel ist echt und ehrlich.

Seht ihn jetzt, wie er Gerümpel aus einem Hause trägt und es achtlos auf seinen Karren wirft, als habe ihn die Ware nichts gekostet und werde sie ihm fürder auch nichts mehr einbringen. Das ist ja seine Erhabenheit, der selbstherrliche Vorrang über den elenden Plunder, der seines Lebens ein und alles ist, sein Brot und Bett, und Bett und Brot der Seinen. Keine Verbeugung; vor niemandem geht er in die Knie, es sei denn, einen Sack vollzustopfen. Er scharwenzelt nicht um den Lieferer, tut ihm nicht schön, wie es der Gondoliere um den Fremden tun muß, will er seine Lustbarke immer voll haben. Der Vodden-Mann sagt sogar „stik“ zur feinsten Mevrouw, wenn diese für ihre Brack vom Hausputz auch nur einen Cent mehr haben will, als er ihr in die Hand zu zahlen bereit ist. „Stik“ ist eine Verwünschung, es heißt mildernd übersetzt: ach, mögest du Knickerweib doch ersticken, ich habe deinen Ramsch nicht nötig! In der Wirklichkeit des Alltags ist das aber alles viel rauher, und ein deutscher Lumpenkrämer würde sich ganz anderer Ausdrücke bedienen. Dennoch ist das Wort, an einem regnichten Tage so einer finanziellen Halbdame ins Gesicht geschleudert, eine bittere Lebenslehre und als solche auch pädagogisch weittragender als der geleckte Ehrerweis des schwarzen Gesellen in der ebenso trübe duftenden Lagunenstadt.

Und doch hat der Amsterdamer Trödelbaas keinen erzieherischen Ehrgeiz. Kaum ist der Kauf aufgeladen oder eine Fuhre verweigert, denn auf Prachern und Schachern läßt er sich nicht ein, tritt er wieder auf das Pedal; stehend gelangt er an den toten Punkt, ein kräftiger Einsatz dann des ganzen Leibgewichts, fest die Hände an der Steuerbarre, und dieweil er langsam und fast feierlich auf den Sattel niedersinkt und ins rhythmische Treten verfällt, ertönt schon der lockende, balzende, heischende und wie oft nicht unter Verschiebung der Tonwerte einschmeichlerische Schrei: vodden, vodden!

Alle Wege, sagte man im Altertum, führen nach Rom; doch aller Vodden-Männer Wege in Amsterdam führen zum großen Grempelmarkt, zum Waterlooplein.

Dieser im Mittelpunkt der Stadt gelegene Platz erfreute sich früher der Nachbarschaft des ehrwürdigen Judenviertels, vor Jahrhunderten schon das zweite Jerusalem genannt, und auf dem Plein selbst hat Spinoza das Licht der Welt erblickt; dortselbst wollte man es ihm später mit Hilfe eines Dolches freilich wieder auslöschen, was glücklicherweise vereitelt wurde.

Jahrelang war ich der Meinung, der Platz, wo der ganze Bettel einer reichen Kaufherrenstadt zusammenfindet, sei in überlegter soziologischer Angleichung an das Walfeld des Korsen so benannt worden, da ich nicht annehmen durfte, verantwortungsbewußte Stadtbetreuer hätten bei der Taufe des Menschen Fetzer im Auge gehabt. Denn Waterloo ist ja auch ein historischer Euphemismus für die euphemistischen vier Buchstaben. Meine Frage, ob der Name den Bafel angezogen habe oder aber des Bafels wegen der Platz nach der Trümmerstätte eines Weltschicksals so bezeichnet worden sei, wurde mir von einem Gerümpler beantwortet, der auch die Bücher las, die er umsetzte: Waterloo heiße der Platz zu Ehren des Radierers Anthonie Waterloo, eines Zeitgenossen Rembrandts, von dem er mir sogar ein Blatt zeigen könne. Es war ein Waldstück, ohne Zweifel echt im Rahmen dessen, was Kunstsachverstand und Kunstbedutzung für echt oder falsch ausgeben. Der wirkliche Rahmen war mit Bronzebeschlägen verstärkt. Hinter der erblindeten Scheibe belebten tote Insekten die Landschaft, daß es auf den ersten Blick wie eine Lavierung wirkte.

Wollte jemand ein Bestandsverzeichnis anlegen von dem, was sich an einem einzigen Tag auf dem Waterlooplein befindet, oder auch nur dessen, was von den unermüdlichen Kauderern an einem Tage zusammengetragen wird, er würde nach wenigen Stunden den Verstand verlieren. Ich selbst will hier nicht einmal andeutungsweise nach Sachgruppen aufzählen, was so ein Läpperzug einträgt, sei es aus den deftigen Herrenhäusern einer Edelgracht oder aus den Armeleutevierteln. Alles ist da, womit sich der Mensch umgibt, nur in einer anderen Morphologie und in freieren Liebesbeziehungen. Eine Schraubenmutter zum Beispiel, die kleinste, rostigste, ist dem Grempler des Mitnehmens wert, denn er weiß, daß irgendwo in der Stadt oder im Lande eine mutterlose Schraube liegt, deren Gewinde eines Tages wieder zu seiner natürlichen Bestimmung zurückkehren wird. Es kann Jahre, Jahrzehnte dauern, ehe der Himmel die beiden zusammenführt. Aber die Mutter kommt, die Schraubenwittib, wieder an einen Mann. Darin erblicke ich denn auch die Größe des Trödlers, daß er dem Schicksal die Handkarre bietet und unbekümmert um den Ablauf der Zeit den Plunder hortet, umsetzt und somit aufwertet. Jedes tote Ding, das durch seine Hand geht, entwickelt ein Mana und zieht ein anderes totes Ding an oder wird zu ihm hingezogen. So wittern Schnecken auf Hunderte von Kilometern die ihnen vom Urei her zugedachte Herzschnecke, und die beiden finden sich über Stock und Stein.

Gekleidet ist der Amsterdamer Voddenmijnheer übrigens sehr ordentlich; er geht keineswegs in den Lumpen einher, die er verschleißt. Im Sonntagsstaat ist er nicht zu unterscheiden von einem Schalterbeamten, dem Gasmann, einem Handwerker, von einer Lehramtsperson oder einem Straßenkehrer; ein Bürgersmann mit einem Wort, dem man es nicht ansieht, daß er mit ewigen Werten handelt, Vergängliches verewigt. Ihn zunftmäßig in ein Einheitskleid zu stecken, würde er ablehnen; dafür hat sich dieser Stand zu hoch entwickelt über jene Kaste der Plünnenjuden hinaus, die mit der Brandschatzung ihres ganzen Quartiers vom Stadtplan ausgetilgt wurden in den Tagen, wo der Bafel im Menschen wieder einmal das große und ums Haar letzte Wort hatte. Manche dieser Altkäufler haben es übrigens zu beachtlichem Reichtum gebracht.

Ich selbst friste mein Dasein als sogenannter freier Schriftsteller; aber gesetzt den Fall, ich würde abermals umsatteln, auf meine alten Tage, und ich hätte die Wahl zwischen den Rufen a-òel und vodden, ich zöge, ohne zu zögern, den Grempelkarren der Prahlbarke vor; den täglichen Umgang mit einer auf den ersten Blick toten Plunderware dem schmeichigen Verkehr mit der anbrüchigen Bagage der internationalen Reisebüros. In die Lehre ginge ich dann beim ersten Lumpenbaas von Amsterdam, der an mir einen anstelligen Gehilfen hätte, mit einem ungetrübten Blick für die Anreicherung des Daseins durch Wiedergeburt. Wenn ich das ein Dutzend Jahre lang betrieben habe, werde ich mir zwar immer noch keinen balcarischen Esel leisten können, geschweige einen Stall und die Gewähr einer vollen Krippe; denn an jeder Haustür wird man mich übervorteilen, und auch auf dem Waterlooplein werde ich nicht meinen Vodden-Mann stehen. Aber vielleicht sammle ich daneben auch Kenntnisse und

Erkenntnisse, und reumütig an den Schreibtisch zurückgekehrt, kann ich darangehen, eine Kulturgeschichte der Stadt Amsterdam zu schreiben, einzig auf der Grundlage ihres Umschlags an Gerümpel. Aus spärlichen Grabfunden, dem Mageninhalt einer Moorleiche, der versteinerten Losung von Urzeitmenschen hat man schon ganze Zivilisationsstufen erschlossen; doch die Geschichte einer heutigen Stadt aus dem Trödel heraus zu schreiben, dieser Versuch ist meines Wissens noch nicht unternommen worden.

Somit wäre meine Parole nicht das romantisch dahinweinende A-òel, A-òel, sondern vodden, vodden: der kollernde Lockruf einer kaum beachteten und doch in den Stoffwechsel einer Weltstadt befruchtend eingreifenden Handelsbalz.

In der Casa Rocca Vispa

Am Tage, wo mein *Schwarzer Herr Bahßetup* erscheint, sind es genau zwei Jahre, daß ich in dem Hause wohne, dessen Namen dem Buch auf eine Weise verbunden ist, die ich in einem eigenen Buch einmal darstellen werde, da sie in der Widmung nur sehr schämig zum Ausdruck kommt: Casa Rocca Vispa.

Der Zufall, dem ich auch meine Verwandtschaft mit Adenauer verdanke, wie man unlängst in deutschen Zeitungen hat lesen können, bestellte mich zum Einhüter dieser von dem Worpsweder Maler-Architekten Weidemeyer erbauten Luxusvilla, die einer mexikanischen Familie gehört. – Wir hatten unsere Amsterdamer Existenz aufgelöst und wußten wieder einmal nicht, wohin unser Haupte tun, denn meine *Insel* war auf verlegerische Abwege geraten, – wieder ein Kapitel oder ein ganzes Buch für sich. Da erschloß sich uns die Rocca Vispa, wo ich zum Entgelt für das königliche Obdach Einbrecher verbellen, Motten vertreiben, Zimmer lüften und auch sonst nach dem Rechten sehen muß, unter dem Beistand von Handwerkern und einem Gärtnersmann, der sich im Laufe vieler Gespräche als großer Kenner des Liebeslebens der Murmeltiere entpuppte und dessen Beobachtungen die des Zoologen Tschudi weit in den Schatten stellen.

Noch waren wir keine Woche auf unserem Felsenschloß – Rocca Vispa bedeutet: der sich regende, noch lebende Fels –, da ging unter uns in Ascona, wo die Millionen Fremden webern, das Gerücht, der Schriftsteller Thelen habe sich auf Grund eines einzigen Buches am Monte Verità ganz groß angekauft ... während ich oben meines Amtes waltete als Hüter und Pfleger des Palastes, freilich ohne Steckuhr, ohne die Mütze der Wach- und Schließgesellschaft und leider auch ohne Hund.

Zum festen Stab der Handwerker gehört ein kleiner, dicker Mann, der die verwickelten hygienischen Anlagen des Anwesens betreut, - auf dem flachen Dach von 12×24 Metern zum Beispiel ein Plantschbecken, das mit heißem Wasser gefüllt werden kann, sommers, wenn es zu kalt, und winters, wenn es nicht warm genug ist, unter freiem Himmel zu pantschen.

Als dieser Monteur zum ersten Mal für eine Reparatur erschien, brachte er seinen Gehilfen mit, der gleich wieder in die Werkstatt zurückgeschickt werden mußte, um irgendein Gerät zu holen. In der Zwischenzeit leistete ich den kleinen Beistand, der vonnöten war: ich reichte die richtigen Schlüssel, die genau abgedrehte Menge Hanf, und ich verhinderte sogar einmal, daß eine Zange falsch angesetzt wurde. In meiner verpfuschten Jugend habe ich ja einige Jahre die blaue Schlosserbluse getragen. Das kommt mir immer wieder zugute.

Die folgenden Male erschien der Klempner nie mehr mit seinem Gesellen. Er hatte in mir, dem ihm unbekannten Hauswärter, einen zuverlässigen und geschickten Handlanger gefunden. Schnell waren wir aufeinander eingespielt, nie mehr sah mich der Mann anders als in der grünen Gärtnerschürze oder im blauen Overall. Wir standen auf gleichem Fuß, und ich erkannte, daß die Ambacht einen goldeneren Boden hat als die Schriftstellerei. Zwischendurch schrieb ich am Bahßetup. Das war alles sehr schön.

Dann kam das deutsche Wirtschaftswunder in Gestalt meines zufälligen Verwandten Konrad Adenauer, und alles ging schief.

Kurz vor Ostern hatte der Bundeskanzler mit seinem Gefolge das Hotel Monte Verità bezogen. Von meiner Badewanne aus konnte ich den Sippenonkel mit Hut und Regenmantel auf dem Dach des Hotels sitzen sehen, wo er bei gutem Wetter frühstückte und anschließend die Zeitung las. Mit einem Feldstecher hätte ich sogar feststellen können, ob es sein erz-katholisch-kapitalistisches Leib- und bitteres Magenblatt war, das meiner armen *Insel* so argen Unglimpf angetan hat.

Der Schwarze Herr Bahßetup war im Manuskript schon abgeschlossen, ich mußte ihn nur noch einmal abtippen. Mit dieser widerlichen Arbeit quälte ich mich ab, als die Zeitungsleute kamen. Es war am Ostersonntag.

Die Reporter kamen aus München, im Auftrage einer Illustrierten: erst Konrad auf dem Monte Verità, dann Vigoleis eine Hügelkette tiefer auf der Rocca Vispa, und dann, so sagten sie, den Rest der künstlerischen Prominenz von Ascona, bekleidet oder unbekleidet, nach Rang und Ruhm. Mich überraschten sie in der Gärtnerschürze und knipsten mich von allen Seiten. „Dein phänomenales Bierkutscherprofil", so schrieb mir mein Bruder Ludwig nach Erscheinen des Blattes, „wird nun von Tausenden in Deutschland bestaunt." Aber auch der kleine, dicke Monteur bestaunte das Bild, als Beatrice es ihm zeigte anläßlich eines Gespräches über Adenauer, den Monte Verità und meine zufällige Verwandtschaft - der Zufall ist Tante Wehrhahn von der Neußer Ölmühle - mit Adenauer auf dem Monte Verità.

In der betreffenden Adenauer-Nummer der Illustrierten ist Remarque denn auch zu sehen in vollem Schneid mit heller Hose, Alpargatas und Spazierstock, während Adenauer selbst neben dem letzten Nacktläufer der Vegetarierkolonie von Ascona gezeigt wird, und Vigoleis mit „Schlomm" auf der Freitreppe der Rocca Vispa.

Ja, sagte der Monteur, das sei eine erhebende Nummer mit all den berühmten Leuten von Ascona, Schriftsteller, Maler, Töpfer, Heilige, Nackte, Vegetarier, und ich mitten unter ihnen, weil ja die Rocca Vispa ein berühmtes Haus sei. Dann las er den Text unter meinem Bild. Er stockte, hob den Blick zu mir, als wolle er mich mit dem Bierkutscher vergleichen. Alles stimmte - „aber Sie, ein Schriftsteller, und verwandt mit dem Adenauer da oben?" - „Ja, beides, und beides nur durch Zufall." - „Immerhin, immerhin!"

Nachdenklich legte er die Zeitung fort, stumm ging er wieder an die Arbeit, ich wortlos hinter ihm drein. Doch „fluppte" die Arbeit nicht mehr, obwohl ich ihm alles richtig angab, die Zangen, den Lötbrenner, den Bankazinn. Es ging einfach nicht. Morgen käme er wieder, er müsse sowieso ein anderes Schwimmermodell einbauen –, Feierabend.

Am anderen Tag empfing ich ihn wieder im blauen Werkanzug. Der *Bahßetup* würde einen Tag später an meinen Verleger Kurt Desch gehen, die Wasserversorgung der Rocca Vispa ging vor. Aber mein alter Freund hatte wieder wie am ersten Tag einen Gesellen mitgebracht. Er lächelte verlegen, begrüßte mich förmlich, und ich wurde nun auch sehr verlegen. Dann gingen die Klempner an die Arbeit, und ich ging wie geschlagen ans Manuskript. Der Handwerker hatte mich an meinen Platz verwiesen, auf eine Stufe wurde ich gestellt mit Erich Maria Remarque. Ich war entlassen, nach oben hin. Für mich war es ein Fall nach unten, der mich sehr betrübte, der Sturz in den Intellekt, womit ich im Geiste aller Mystik das „Licht der Natur" meine, - das mir dann doch nicht leuchtet.

Wenn der *Schwarze Herr Bahßetup* erschienen ist, werde ich dem kleinen, dicken Mann das Buch überreichen: „Lies es, und du wirst erkennen, daß du weiterhin meine Gesellendienste annehmen darfst, ohne mich in meinem Stande zu kränken!" Denn der Stand des Schriftstellers ist ja überhaupt keiner, er ist nur ein Zustand.

Bücher soll man an die Kette legen

In Stuttgart fuhr mein Zug mit Verspätung ab, ich verpaßte den Anschluß in Karlsruhe nach Basel, konnte aber bald mit dem „Rheingold“ weiterfahren. Der vielbeschäftigte Bruckner wollte mich am Bahnhof SBB abholen – ich fragte den Schaffner, ob ich telefonieren, telegrafieren oder den Mann könnte ausschellen lassen. Er: Bei uns können Sie alles, wenden Sie sich bitte an die Sekretärin, dritter Wagen hinten, Kabine vor dem Aussichtswagen.

Die Kabine war leer. In diesem Augenblick kam eine Putzdame in schwarzer Serge, mit einem hocheleganten Staubtuch, die wir um Rat fragten. – Ja, die Sekretärin sei im Speisewagen. Ich setzte mich in den Glaskasten, durch den sie kommen mußte. Nach 15 Minuten kam ein junges Mädchen, ein süßes Ding, die ich mit freiem Instinkt als meine Sekretärin erspürte. Ich erhob mich, da fragte sie: Ach, sind Sie vielleicht der Herr, der telefonieren will? – Und wir gingen in ihre technische Kemenate – was denn mein Anliegen sei.

Ich brachte es vor, wir verhandelten; sie werde den Professor auf den Bahnsteig ausrufen lassen. Sie fahre nur bis Freiburg, dort werde sie den Stationsvorsteher bitten, alles Nötige zu veranlassen, und wenn ich ihr, der Sekretärin eine DM gebe, werde sie die dem Herrn in die Hand drücken, dann mache er's bestimmt.

Ich: Den Mut hätte ich nicht, einem so hohen Herrn einen kleinen Betrag auszuhändigen. Sie lächelte und spannte einen Bogen ein – doch nun müsse sie auch meinen Namen wissen, damit alles amtlich zu Protokoll gebracht werden könne.

Ich reichte ihr meine Visitenkarte. Sie, schön wie alle diese Verkehrsgöttinnen unserer Zeit, warf einen Blick auf die Karte und rief: Aber nein doch, Vigoleis Thelen, das dibt es doch nur einmal, und da kommen Sie so mir nichts dir nichts gerade zu mir in die Kabine. –

Mir nichts dir nicht?

Ja, Sie haben doch ein ganz süßes Buch geschrieben, o Gott, und nun sitzen Sie da, und ich weiß nicht einmal mehr den Titel. –

Sie meinen die Insel des zweiten Gesichts?

Ja, wo so viel über Köln-Poll drin vorkommt. Sind Sie der Dichter?

Ich verbeugte mich nun. Sie fuhr fort: Wissen Sie, eine Freundin von mir hat mir das Buch ausgespannt, ich weiß gar nicht, wie es da weiter geht, zurückbekommen habe ich es nie und jetzt bin ich ihr besonders böse, aber sie behauptet, man habe es auch ihr ausgespannt. Jetzt, wo ich Sie kenne, muß ich aber wissen, wie alles weitergeht, es war doch ein so teures Buch.

Liebes Mädchen, sagte ich, geben Sie mir nun Ihrerseits Ihre Personalien auf, dann bitte ich meinen Verleger, Ihnen das Buch zu schicken, doch legen Sie's an die Kette.

Beatrice

„Ah - da kommt Beatrice."

Es war in der Sala der Rocca Vispa, gegen den fallenden Abend. Wir -

Aber ich muß anders anfangen: Mein Insel-Memorial war schon seit ein paar Jahren auf dem Markt, da bekam ich einen Brief von einem Mann, der mir aus der Kriegsgeschichte bekannt war. Er hatte sich im Baltikum hervorgetan, Inhaber vieler Dekorationen. Der Name bleibe ungenannt. Sein Anliegen war ebenso einfach wie aufrichtig: Er habe die „Insel" gelesen, sich am Werk ergötzt, indes auch den „tieferen Sinn" erfaßt. Er möchte mich kennenlernen, sich bedanken für ... etc., und wissen, ob ich, bei meiner anti-militärischen Einstellung, einen alten Haudegen überhaupt empfinge.

Ich schrieb zurück, Offenheit gegen Offenheit: Er sei willkommen!

Er kam. Beatrice mußte an dem Tage in den Ort (Ascona), und so begrüßte ich die Kriegshaut allein, im Portikum. Alles ging etwas steif vor sich, doch bitte, der Offizier klappte die Hacken nicht zusammen. Das war ein guter Anfang. Das Gespräch verlief dann ohne Stockung, der Besucher, ein Grandseigneur, sagte mir Schmeichelhaftes, äußerte auch Kritik, was mir gefiel - da kam Beatrice. Sie mußte das Eßzimmer durchqueren, und es war noch eine kleine Strecke durch den Musiksaal zurückzulegen, bis sie bei uns war, die wir am äußersten Ende der Sala in einer Nische Platz genommen hatten. Der Balte wandte seine Blicke der Nahenden zu, sah mich dann fragend an - und beide erhoben wir uns.

„Beatrice, du erlaubst, dies denn ist unser Gast, der berühmte Oberleutnant ..."

Beim Namen „Beatrice“ fuhr der Krieger zusammen, stammelte etwas, und schon beugte er sich tief über die dargereichte Hand. Als er dann zur Herrin des Palazetto aufblickte, sagte er, auf russisch, ungefähr so: Also das ist die von mir nicht, ja nie geglaubte Beatrice des Ritters Vigoleis, und, indem er deutsch fortfuhr, zu mir gewandt: „Ja, ich habe mir Ihre Gefährtin nicht bei Leibesleben vorstellen können“, und er zitterte ein wenig nach diesem Bekenntnis. Die Lage war an sich peinlich, doch bog Beatrice alles ins rechte Maß, indem sie zur russischen Sprache überging und den Kavalier fragte, ob sie ihm nun auch noch gefalle.

Kurz, der Gast mußte jetzt mit der Sprache herausrücken, er tat es meinetwegen auf deutsch - es waren mutige Worte, die er, die Hand auf der Brust, nun vorbrachte: Nie hätte er gedacht, daß es *sie* in Wirklichkeit gebe - eine Frau, die es an der Seite eines solchen Mannes - Verbeugung zu mir, der ich mich leicht erhob - aushalte.

Das sei, und ich segnete das Bekenntnis, eine tapfere Tat, wie wir ja im Grunde alle tapfer seien, am standhaftesten indes und immerhin die ungeglaubte Beatrice.

Bei einer Flasche besiegelten wir einen Bund, den erst sein Tod, nach vielen Jahren beendete.

„So denn, da ist sie also, unsere ungeglaubte Beatrice ...“ Das war später, in Deutschland, anläßlich einer meiner Dichterlesungen, sagen wir in Frankfurt, Osnabrück, Hildesheim oder andernorts: immer wieder, und wo auch immer diese zehrende Neugier, das Nie-Geglaubte zu sehen, den Finger in die Wunde zu legen!

Voller Saal, viel Tumult, das Dichterpaar wird bestaunt und geknipst. Ich trage lange vor, spiele mich selbst, niemand läuft mir davon. Wo ich Schauspielstunden genommen hätte, fragte mich irgendwo ein Arzt, und dann kam ein Ehepaar.

Er stellte sich vor, von weit hergereist, aber bitte, nicht einzig des Dichters wegen – übrigens großartig wie Sie das alles „hingelegt" haben. Als wir dann in der Zeitung lasen, der Vigoleis lese da und da, und begleitet sei er von seiner Beatrice: Mutti, sagte ich da, da gehen wir hin, zumal du auch nicht glaubst, daß es sie gibt, die Beatrice – alles, wie alles, oder doch so vieles in dem tollen Buch, erfunden! Denn welche Frau hält es schon so lange an der Seite eines Lebensversagers aus.

Na, da hätten sie *sie* denn, meine angezweifelte Beatrice, und wo schon in meinem Fall in Zweifelsfällen die Wahrheit entscheidet, bat ich die Herrschaften, ihnen die leibgewordene Wahrheit vorstellen zu dürfen.

Das hat sich ungezählte Male, in immer verschieden-grotesken Abwandlungen wiederholt, bei Lesungen, in Gesellschaft, und eben auch die Pilger, die uns besuchten – bis zu dieser Stunde, wo *die* Beatrice es seit 57 Jahren neben mir aushält, beide alt geworden, sehr sehr alt.

Von Auskneifen indes keine Spur.

„Ja, so jemand wie diese Frau, die müßte gekrönt werden – hat sie denn nie einen Aushalte-Orden bekommen?"

Das fragt man mich auch. Ich mache es kurz. Beatrice wurde, indirekt, mit dem Fontane-Preis der Stadt Berlin ausgezeichnet, im Frühjahr 1954, also vor über 30 Jahren schon. Das kam so: Nach viel Gehader und Protesten ließ sich der Berliner Kultusminister Prof. Tiburtius dazu bewegen, mir, dem Gottlosen, den beregten Preis zu verleihen – ich sei immerhin ein „fruchtbares" Ärgernis.

Viel Feiervolk im Schöneberger Rathaus, Palaver, Mißverständnisse an der Pforte, Festgewänder und schlichte Bekleidung – große Rede des tüchtigen Ministers, und dann der eigentliche Ehrungsakt, bei dem ich „als ungeteilter" Preisträger den Anfang machen mußte.

In seiner sehr kurz gefaßten Laudatio auf meine umstrittene Person ließ der befrackte Preisverteiler die Bemerkung fallen: eigentlich gehöre die Auszeichnung nicht mir – ich stand schon neben der Dame – goldgelackt, die die Diplome hatte –, sondern meiner Frau Beatrice: ohne die ich ein solches Werk nie hätte schreiben können.

Atemlose Stille. Dann akademisches Scharren, Getrampel, und darauf die Rufe: Beatrice, Beatrice – wo ist sie?

Ich nahm die stattliche Urkunde entgegen, verbeugte mich gegen Beatrice hin, die irgendwo im Saale saß, und murmelte, zum Herrn Tiburtius gewendet: Tausend Dank! So ist's, und erlauben Sie mir zu sagen, daß dieses Ihr Wort das erste wahre Wort ist, das ich in dieser hehren Stunde vernommen habe.

Ich sah noch die fliegenden Rockschöße des Kultusministers, dann tauchte ich in der Menge unter, die mich umwogte und zu Beatricen führte, die der anwesende holländische Urverleger der „Insel“, de heer van Oorschot, aus der Namenlosigkeit gezogen hatte.

Namenlos? Der Beatricen gibt es viele, auch sehr berühmte, doch die unsrige, die meine, sagt man, sei ebenbürtig den großen Gestalten, die den Namen tragen: Beatrice.

SOS Loch-Palma

Warum hast du mich und die Meinen verlassen und bist nach Mallorca geschwommen?

(Nach einer alten Chronik)

Palma de Mallorca, 4. Mai, H(erold) S(onder) D(ienst)

Blättermeldungen aus Santa Catalina zufolge wurde von ausfahrenden Fischern in der Morgenfrühe des gestrigen Tages auf der Höhe von Cala Mayor ein Riesenfisch gesichtet, der mit seiner Schwanzflosse die Bucht von Palma peitschte. Der Bevölkerung von Santa Catalina hat sich eine Unruhe bemächtigt; im Terreno ist noch alles still.

Palma, 5. Mai, (HSD)

Der Riesenfisch, der in der Bucht von Palma vor Anker ging, wird von Experten in Zusammenhang gebracht mit dem Loch-Ness-Ungeheuer, das schon seit Monaten durch den internationalen Blätterwald schwimmt. Genaueres liegt noch nicht vor, doch wurde der berühmte finnländische Trischinenschauer Prof. Dr. Kivisti von der Universität Helsinki, der zur Zeit im Hotel Lady-Killer beruflich tätig ist, mit der wissenschaftlichen Klärung des Falles betraut. Dr. Kivisti geht der Ruf eines leichtsinnigen Gelehrten voraus.

Palma, 5. Mai, 7 h p.m. (HSD)

Der Riesenfisch in der Bucht von Palma erregt nach wie vor die Gemüter der Insulaner. Gegen Mittag wanderten unförmige Menschenmassen aus allen Teilen der Insel ans Meer, um das Untier in Augenschein zu nehmen. Die Bucht von Palma ist von Schaulustigen dicht umsäumt. Neben offiziellen Persönlichkeiten des Landes und wichtigen Vertretern der internationalen Kolonie bemerkten wir auf provisorisch aufgeschlagener Ehrentribüne „Mister

Balear", den Preisträger einer zukünftigen Häßlichkeitskonkurrenz, der mit gewinnendem Lächeln die chthonischen Huldigungen der Tiermasse entgegennahm. Punkt 5^{46} begab sich Dr. Kivisti unter Begleitung einer Wasserwehreskorte an Bord des Ungeheuers, um mit Hilfe seiner Präzisionsinstrumente die ersten Vermessungen vorzunehmen.

Palma, 5. Mai, Mitternacht (HSD)

Kurz vor Mitternacht verließ Dr. Kivisti das Urtier und gewährte sofort dem scharfsinnigen Sonderberichterstatter des HEROLD ein Interview, in dem er die ersten zoologischen Klassifizierungsergebnisse mitteilte. Der Gelehrte äußerte sich dahingehend, daß das Untier tatsächlich der Gattung „Loch-Ness" angehöre, durch die seltsame und bisher nie beobachtete Formation der linken Schwanzflosse aber mehr für den Aufenthalt in südlichen Gewässern prädestiniert sei. Aus diesem rein wissenschaftlichen Grunde taufte Prof. Kivisti den Giganten in „Loch-Palma-Ungeheuer" um. Der Gelehrte äußerte sich fernerhin sehr lobend über den Besuch der Urmolluske. Zur Zeit weilt der Gelehrte wieder in der Pension „Lady Killer", wo er Gegenstand zahlreicher Ovationen ist.

Palma, 6. Mai, 5 h a.M. (HSD)

Sofort beim ersten Bekanntwerden des Namens „Loch-Palma-Ungeheuer" hat sich der Bevölkerung eine Panik bemächtigt. Gleichzeitig setzte eine Abwanderung nach den höher gelegenen Teilen der Insel ein. In hellen Haufen fliehen die Anwohner der Bucht, Haus und Hof im Stich lassend, um sich vor der drohenden Katastrophe zu retten. Zahlreiche Tote bedecken schon die Straßen. Santa Catalina ist ganz geräumt, und auch in den Fensterhöhlen des Terrenos wohnt das Grauen.

Palma, 6. Mai, 5^{19} h (HSD)

Von der stets wachsenden Gefahr benachrichtigt, sandte kurz nach 5 h die Station „Radio Mallorca" die ersten SOS Loch-Palma-Rufe in den Äther. Schon 5^{19} h wurden die Zeichen von mehreren europäischen Stationen aufgefangen. Der Eisbrecher Krassin mit Prof. Samoilowitsch an Bord ist ins Meer gestochen, um die erste Hilfe zu bringen. – Das Urtier verhält sich wieder ruhig, doch läßt die zunehmende Kropfbildung des Vorderhalses darauf schließen, daß der Gigant übles in der Schilddrüse führt.

Loch-Ness, 6. Mai (HSD)

Auf Anregung eines Waisenkindes wurden dem finnischen Gelehrten Prof. Dr. Kivisti von der Universität Helsinki wegen seiner großen Verdienste um die Taufe des Loch-Palma-Ungeheuers die Zwillings-Ehrenbürgerrechte der Stadt Loch-Ness angetragen. Es ist dies das erste Mal in der Geschichte der Menschheit, daß einem Forscher eine solch spontane Ehrung zuteil wird. Der mit dem Wappen der Stadt Loch-Ness (ein gähnendes Loch auf durchnäßtem Grunde) geschmückte Ehrenbürgerzwillingsbrief ist per Luftpost nach Palma abgesandt worden.

Palma, 6. Mai, 7^{55} h (HSD)

Seit Minuten peitscht das Loch-Palma Ungeheuer wieder die Bucht der gleichnamigen Stadt. Ungeheure Wasserfluten ergießen sich mit donnerndem Getöse über die Capital und ihre Vororte. In Palma selbst kann der Verkehr nur noch mit Gondeln aufrecht erhalten werden. Das Terreno ist in Katarakte von nie gesehener Schönheit verwandelt. Unterhalb der Kathedrale haben die Fluten das gesamte Erdreich weggeschwemmt, so daß die Überreste der ehemaligen maurischen Moschee freigelegt wurden. Für Sekunden wurde auch die Kruke mit dem Gebein des (den Geschichtsschreibern der Balearen bisher unbekannt gebliebenen) Sklavengrossisten Selim sichtbar, zerschellte dann aber an einer Schießscharte der Baluarte Principe. Gottes Mühlen mahlen langsam!

Palma, 6. Mai, 8^{12} h (HSD)

Das Loch-Palma Ungeheuer hält mit seiner Schwanzpeitsche die Sündflut aufrecht. Während die Bucht selbst schon fast bis auf den Boden geleert ist, drängen die Wassermassen mit unerhörter Wucht tiefer ins Land. In der Stadt selbst steht die Flut stellenweise bis zur Höhe einer Vier-Zimmer-Wohnung mit Bad. Der Gouverneur hat ein Hilfkomitee gebildet, das über die Befreiung des Landes aus den Flossen des Urtieres berät. – Auf dem Puig-Mayor sind die ersten Notbaracken für insgesamt 50 000 Menschen fertiggestellt worden, während am Fuße des Berges ein beliebter esperantischer Bar-Fachmann mit primitiven Mitteln einen Teeroom errichtet, um die Konjunktur auszunutzen. Der Reinertrag aus diesem Unternehmen fließt restlos in die eigene Nothilfssterbekasse.

Bellver, 6. Mai, 12 h (HSD)

Während im Ayuntamiento die Notberatungen ihren Fortgang nehmen, und die herrliche Insel immer tiefer im Wasserschwall ersäuft, hatte sich ein hiesiger unbekannter Mediziner mit seinen Criado de confianza nach Schloß Bellver gerudert, um von dort aus dem Urtier zu Leibe zu rücken. Gegen elf Uhr schleuderte der muskulöse Arm des Criado de confianza eine kanülierte Spezialharpune, an der ein feiner Gummischlauch befestigt war, in den Balg des Ungeheuers, das noch ständig mit gewaltigen Flossenhieben die Wasserwogen über die Insel fegte. Sodann gelang es der ärztlichen Kunstübung des unbekannten Mediziners, mehrere Liter Asbach Uralt in den Leib der Bestie zu pumpen. Schon nach wenigen Sekunden stellte sich der erhoffte Erfolg ein: die Kraft des „Palmesaurius balearicus Kivisti" erlahmte zusehends, bis schließlich die Flossenschläge gänzlich aufhörten und die vorhin so erstaunliche Aktivität des Meerungeheuers einer völligen Erschöpfung wich. Gegen 11^{06} h stellte sich die totale Betäubung ein. Die selbstlose Tat des unbekannten Mediziners verdient rasenden Beifall und Nachahmung. Wir kommen auf diesen einzig dastehenden Fall noch zurück.

El Terreno, 6. Mai, 4^{25} h p.m. (HSD)

Die Rückflut der Wassermassen und des darin befindlichen lebenden und toten Inventars in die Bucht von

Palma hat in vollem Umfange eingesetzt. In gurgelnden Sturzbächen ergießt sich die See in ihr altes Bette. Langsam hebt sich der Meeresspiegel wieder dem perpetual Sunshine entgegen, auch der tranige Balg des Fisches nimmt teil an diesem herrlichen Aufstieg. Nur zuweilen kündet ein donnerndes Urgerülpse, daß der Riese keineswegs tot ist. Nein, er ist nur betäubt, und wehe dir, Mallorca, wenn er aus seinem Rausch erwacht und abermals deine kostbaren blauen Fluten peitscht!!!

Palma, 6. Mai, Mitternacht (HSD)

Kurz vor Mitternacht sandte die Station Radio Mallorca die folgenden Zeichen in den Weltraum: *Katastrophe Loch Palma Ungeheuer Abgewehrt Stop Krassin Ausfahren Unnötig Stop Urtier Schläft Sanft Stop Unbekannter Mediker Held Tages Stop Alle Welt Komme Und Sehe Stop Näheres Reisebüros Stop Stop Stop.*

Palma, 7. Mai, in aller Herrgottsfrühe (HSD)

Der Zustrom der Touristen aus aller Welt hält an, die den Urfisch bestaunen, der wie ein überdimensionaler Speiserest in der goldenen Saucière der Bucht von Palma treibt. Hin und wieder rudern sich wagemutige Unternehmer an den Koloß heran, um die Möglichkeit einer finanziellen Ausbeute zu eruieren. Der Tourismus auf der übrigen Insel liegt brach, da der „Palmesaurius balearicus Kivisti“ die gesamte Aufmerksamkeit für sich beansprucht. Wie wir noch kurz vor Redaktionsschluß erfahren, hat sich im Terreno eine „Loch-Palma Excursion Company“ gebildet, die Unterwasser-Ausflüge organisieren will, bei der die Teilnehmer mit Spezial-Taucheranzügen die untere Bauchpartie des Molchtieres besichtigen können. Wie der Manager der Gesellschaft unserm rasenden Reporter mitzuteilen sich herabließ, finden einmal pro Woche Sonderausflüge statt, die sogenannten „Belly-Specials“, bei denen romantisch verlangten älteren Mädchen ausgiebig Gelegenheit geboten wird, die seidenweiche Bauchwand mit bloßen Händen zu streicheln. Die Preise dafür sind besonders niedrig gehalten.

Palma, 8. Mai (HSD)

In den späten Abendstunden des gestrigen Tages verbreitete sich auf der Treppe unserer Geschäftstelle das Gerücht, daß ein bekannter spanischer Chirurg durch den 47 Meter langen Hals in die Bauchhöhle des Urfisches vorgedrungen sei, um dort in aller Heimlichkeit einen schwierigen chirurgischen Eingriff vorzunehmen. Wie es heißt, will der große Arzt den Wurmfortsatz des Blinddarms von der jahrtausendealten Schlacke säubern, wodurch Räumlichkeiten gewonnen werden, die sich leicht dem Vergnügungsgewerbe dienstbar machen lassen. Das stimmt überein mit der Nachricht, daß ein bereits mehrmals frakassierter internationaler Dancing-Spezialist beabsichtigt, im Bauch des Palmesauriers eine „Jonas-Bar" aufzumachen. Dem entgegen stehen allerdings Verlautbarungen, die darauf hindeuten, daß die submarinen Lokalitäten im Auftrage einer Volapuk-Wochenschrift hergestellt werden, die demnächst hier erscheinen soll. Näheres wissen wir zur Stunde selbst noch nicht.

Palma, 9. Mai (HSD)

Die hiesigen span. Tageszeitungen verbreiten die Nachricht, daß sich vor einigen Tagen ein internationaler Verschwörerbund gebildet hat, der unter dem Namen „Los Enemigos de Loch-Palma" daran gehen will, dem Ungeheuer den Garaus zu machen. Dadurch erhofft die besagte Gesellschaft, den Tourismus wieder an Palma und die übrige Insel zu fesseln. Das dürfte dann auch dem fortschreitenden Ruin einiger Firmen Einhalt gebieten. Ein Gangster aus Inka wurde zum Präsidenten geschlagen.

Palma, 9. Mai abends (HSD)

Für alle völlig überraschend kommt die Nachricht, daß der Urmolch in der Bucht von Palma nur noch ein Auge hat. Dr. Kivisti, der es sich zur Lebensaufgabe gemacht hat, mit Hilfe von „Brehms Tierleben" die körperlichen

Partien des Vorweltriesen zu erforschen (bekanntlich traf schon vor einigen Tagen ein berühmter Wiener Psychoanalytiker auf der Schwarte des „Loch-Palma" ein, um die geistige Seite des Phänomens aufzuhellen), stürzte bei einer seiner Kletterexpeditionen auf der Schädeldecke des Tieres in eine unermeßlich tiefe Grube, die sich später als leere Augenhöhle entpuppte. Das Erstaunen des Forschers wuchs, als er am Boden der Höhle das morsche Wrack eines Bergantins erblickte, der noch aus der Armada stammen muß. Dr. Kivisti erklärt die Sache so, daß sich der Segler bei dem Sturm, der einen Teil der berühmten Flotte vernichtete, in dem Auge des Urtiers gestrandet sei. Immerhin steht die ganze gebildete und ein Teil der ungebildeten Welt vor den stummen Zeugen eines Schicksals, wie es sich von solch tragischer Wucht nur in dem ausgelaufenen Auge eines Urweltriesen abspielen konnte. Wenn es gelingt, die Augenhöhle dem Tourismus zu erschließen, dürfte den Cuevas Artá eine nicht zu unterschätzende Konkurrenz entstehen.

Palma, 10. Mai (HSD)

Unser Sonderberichterstatter, der seit Tagen mit einem Spezialboot um den Balg der Molluske rudert, teilt uns mit, daß gegen Mitternacht mehrere Einwohner von Valldemosa sich dem Palmesaurier näherten und bald schon durch eine natürliche Öffnung in seinem Innern verschwanden. Da unser Reporter sich nicht scheute, durch denselben Eingang (der ihm bislang noch entgangen war) den Mosataelern nachzukriechen, war er Zeuge einer nächtlichen Verschwörung, die das Andenken der Familie Chopin-Sand aufs Gemeinste in den Kot zog. Obwohl sich das Auge unseres Reporters nur schwer an die Dunkelheit gewöhnen konnte, gelang es ihm doch Näheres in Erfahrung zu bringen. Die Mosataeler sollen beabsichtigen, den gesamten Zwölffingerdarm des Untieres zu pachten und in drei authentische „Chopin-Gedächtniszellen" umzubauen. Ebenfalls sollen hinweisende Marmortafeln an der Darmwand aufgehängt werden, um den Touristen das lange Suchen nach der echten Zelle zu ersparen. Da aber die Gefahr besteht, daß durch die peristaltischen Bewegungen des Darmepithels die Marmortafeln auf eigene Faust sich ans Wandern begeben, und so eine noch größere Zellenverschiebung einsetzt, will man den ganzen Darm lokal betäuben. Mehr konnte unser Gewährsmann leider nicht in Erfahrung bringen, da er beruflich anderweitig in Anspruch genommen wurde.

Palma, 11. Mai (HSD)

Die Urbanisierung im Inneren des Palmesauriers schreitet rapide fort. Während der plumpe Balg des Vorwelttieres nichtsahnend seinen Rausch unter der Pracht des südlichen Gestirns auskostet, schießen in den inneren Organen die verwegensten Unternehmungen wie Pilze hervor. Bei einer kurzen Pressebesichtigung hatten wir Gelegenheit, uns von dem rührigen Geschäftseifer zu überzeugen, der drinnen obwaltet. In einem einzigen Lungenflügel zählten wir allein siebenunddreißig Tea-Rooms und fünf Zeitungskioske, von den Travelling-Agencies ganz zu schweigen. Es wird nicht allzulange dauern, bis auch das letzte Organ der geschäftlichen Spekulation zum Opfer gefallen ist. Lediglich die große Wanderniere konnte vom kunstverständigen Dr. Kivisti für kulturelle Zwecke freigehalten werden. Wie es heißt, wird dieses so wichtige Absonderungsorgan unter Naturschutz gestellt. Gleichzeitig ist beabsichtigt, im Innern der Niere ein Denkmal für den Unbekannten Mediziner zu errichten. Ist es doch gerade der genialen Harpunierung dieses Helden zu verdanken, daß der Riese in tiefer Narkose die gewaltigen Umwälzungen in sich ergehen läßt.

Übrigens möchten wir als verantwortungsbewußte Zeitung nicht unterlassen, darauf hinzuweisen, daß es tunlich wäre, eine ständige Wache im Kleinhirn des Riesen zu postieren, da ein plötzliches Erwachsen die Insassen und ihre bitter erkämpfte Existenz und möglicherweise um ihr

Leben bringen könnte. Stellenlose diplomierte Krankenschwestern werden sich gewiß finden, diesen Liebesdienst an der notleidenden Menschheit zu übernehmen.

Palma, 12. Mai, Herrgottsfrühe (HSD)

Wie uns Prof. Kivisti bei Sonnenaufgang mitteilt, besteht die Möglichkeit, daß der Urfisch noch im Laufe des Tages sein Bewußtsein wiedererlangt. Um die schlimmsten Katastrophen zu verhüten, muß eine neuerliche Betäubung vorgenommen werden. Leider ist der Unbekannte Mediziner noch immer nicht gefunden worden, der einzige Mensch der Welt, dem eine abermalige Chloroformierung der Urmasse gelingen dürfte. Seit Stunden sendet die Radio Station erneute SOS-Rufe in den Äther.

Palma, 12. Mai, Herrgottsfrühe plus 40 min. (HSD)

Soeben ist ein ungeheurer Sturmwind über die Insel hereingebrochen. Ein heißer Giftatem fegt über das Land und führt allen nur erdenklichen Schwindel mit sich. Heftige Detonationen erschüttern die Goldene Insel bis in die Grundfesten. Eine Panik ist ausgebrochen. Einzelheiten liegen zur Minute noch nicht vor.

Palma, 12. Mai, Herrgottsfrühe plus 45 min. (HSD)

Soeben landet unser rasender Reporter mit zerschmetterten Gliedern in furchtbarem Schwung auf unsern Redaktionstisch und berichtet in heldenmütiger Pflichterfüllung verworren das Folgende: „Ich befand mich wie immer auf der Pressefahrt um den Balg des Molochs, als ich plötzlich ein Beben bemerkte, das den Körper des Urtieres erschütterte. Gleichzeitig sah ich, wie die Bestie ihren Kopf turmhoch aus dem Wasser hob und mit dem einen heilen Auge (das rechte. Anm.d.Red.) ingrimmig auf die Insel schielte. Dann öffnete der Riese sein Maul (Nie sah unser Berichterstatter ein gräßlicheres. Anm.d.Red.) und tat einen tiefen Atemzug. Der an sich schon unmäßige Leib des Molches dehnte sich nun langsam aus und begann die Bucht mit seiner tranigen Masse zu füllen. Das Wasser trat über die Ufer, immer stärker schwoll die Flut,

und während ich noch versuchte, mich in Sicherheit zu bringen, geschah das Furchtbare: das Ungeheuer atmete aus! Wie ein Urweltkrater öffnete es seinen Schlund und spie den ganzen Inhalt seiner Leibeshöhle wie Pickels über die Insel. Gräßliche Szenen spielten sich dann ab. Ich sah einen Lady Hairdresser mit dem gesamten Dressurapparat am Turm der Kathedrale zerschellen. Dann wurde ich von einem Luftwirbel erfaßt und verlor die Besinnung."
Soweit der provisorische Bericht unseres schwergeprüften Reporters. –

Ergänzend fügen wir hinzu, daß der Sturm in unverminderter Stärke andauert. Die Panik wächst.

Palma, 13. Mai (HSD)

Blättermeldungen aus Santa Catalina zufolge wurde von ausfahrenden Fischern in der Morgenfrühe des heutigen Tages auf der Höhe von Cala Mayor kein Riesenfisch mehr gesichtet. In der Bucht von Palma herrscht jungfräuliche Ruhe. Leise plätschern die Wellchen gegen die Ufer, Stadt und Vorstädte bieten ein Bild des Ewigen Friedens.

Palma, 13. Mai, kurz vor Redaktionsschluß

Wir sind in der erstaunlichen Lage, unsern Lesern noch kurz vor Redaktionsschluß mitteilen zu können, daß das „Loch-Palma"-Phänomen, das seit Tagen die Gemüter in Spannung hielt, eine seltsame Aufklärung erfahren hat. Bei dem Urmolch, den die Wissenschaft voreilig mit dem Loch-Ness-Ungeheuer in Zusammenhang brachte, handelte es sich in Wirklichkeit um einen gewöhnlichen Matjeshering, wie er in geschlachtetem Zustande für Heringsbrötchen beliebt ist. Dieser harmlose Fisch wurde beim Ablaichgeschäft in seinem nordischen Heimatgewässer auf einen Reiseprospekt aufmerksam, der im Kielwasser eines Woermann-Dampfers trieb. Das Werbeblatt, das in bunten Farben die ewige Schönheit der Goldenen Insel Mallorca schilderte, weckte in dem kleinen Herzen die Südsehnsucht nach Palmen und strahlender

Sonne. Nach Beendigung seiner biologischen Verrichtung verließ der kleiner Milcher die angestammte Heimatflut und schwamm in vielen Tagereisen nach Mallorca, wo er in der Frühe des dritten Mai auf der Höhe von Cala Mayor zum ersten Male emportauchte. Infolge bisher ungeklärter Lichtreflexe auf der Schuppenhaut des Herings hatten die Fischer von Santa Catalina den Eindruck, ein Urweltungeheuer vor sich zu haben, das dann begreiflicherweise sofort mit dem Loch-Ness-Tier in Verbindung gebracht wurde. Die nahezu unglaublichen Ereignisse, die sich später abspielten und deren Zeuge wir waren, bedürfen natürlich noch der genauen wissenschaftlichen Erforschung. Hoffentlich gelingt es, eine einigermaßen logische Erklärung für die dunklen Zusammenhänge zu finden. Im Interesse des Renommees unserer Zeitung würden wir das sehr begrüßen.

– vgls –

Goethes Gespräche mit Frau Eckermann
oder
Die Eckerfraubasereien

Parodistische Spielerei, die ich nicht mehr weitergeführt habe.

Bei den Aufstockungsarbeiten des bombardierten Goethe-Hauses fand ein Weimarer Schutträumer ein Bündel beschriebener Blätter, deren Sichtung durch einen Literatursachverständigen ergab, daß es sich um vertrauliche Mitteilungen und Tagebucheintragungen von Johanne Bertram handelt, der Braut und nachmaligen Frau von Goethes Amanuensis Johann Peter Eckermann, die der Weltöffentlichkeit geschlossen als „Goethes Gespräche mit Frau Eckermann" zugänglich gemacht werden sollen.

Vom Vorhandensein eines solchen Memorials wußte man nichts; es war selbst der emsigen Goethe-Forschung entgangen, daß der Geheime Rat zur Braut und Frau seines Chronisten in ein intimeres Verhältnis getreten war, dessen Früchte nun in Gestalt von Papier auf die Nachwelt kommen, wo solche des Schoßes ohne Zweifel sofort an das Licht der Öffentlichkeit getreten wären, ob sie auch von weit geringerer Bedeutung sind, wie der Nachwuchs des Olympiers zeigt.

Diese Auffindung der Eckerfraubaserein stellt die Goethephilologie vor neue Aufgaben und jeden Goethe-Leser vor eine neue Erschütterung. Gewiß gehe ich nicht so weit zu behaupten, daß künftige Geschlechter den Hitler-Krieg ursächlich dahin deuten, er habe kommen müssen, durch die Aus- oder besser gesagt Hervorbombung einer verschollen gegangenen Handschrift ein verzerrtes Dichterbild in die ewige Reinheit des Göttlichen schlechthin zurückzuformen, was böse Mächte in den Dienst der Dichtung stellen hieße. Doch bin ich redlich überzeugt, daß unsere abendländische Kultur jetzt in eine neue Ära eintreten wird, das Aeon der Frau Eckermann, und dies um so mehr, wo in allen Ländern die Goethe-Institute wie Pilze über Nacht aufschießen.

Die Handschrift ist von unbekannter Hand illustriert, vermutlich von Goethe selbst, der als einziger um sie gewußt hat und sie zu gegebener Zeit zu eskamotieren verstand, besorgt um seinen Ruf bei Hof und seinen Nachruhm schlechthin. Lieblingsausrufe des Dichters, wie „Ei! Ei! Mein Schröcken!", „Heut oder nie!", „Ist mir doch, als sähe ich mir ins eigne Herze!", als Glossen angebracht, bezeugen eindeutig, daß Goethe die Abfassungen genau studiert hat.

Es ist der Goethe-Forschung sättlich bekannt, daß Vollständigkeit und chronologische Genauigkeit bei Eckermann fehlen; wie man auch weiß, daß kein Wort Goethes, das der jugendliche Gesprächsgenosse überliefert hat, als authentisch hingenommen werden darf. Man muß sorgfältig prüfen, welcher Überlieferungsschicht ein Gespräch angehört. Es herrscht da ein heilloses Kribskrabs, viele Datierungen heben einander auf, manches scheint Eckermann buchstäblich aus den Fingern gesogen zu haben, in seiner Sucht, den Verehrten so gut es ging, herauszustreichen. Um so vorsichtiger müssen wir sein in der Beurteilung von Goethes redekünstlichem Austausch mit der Johanne Bertram, dem Hanchen, der er insofern das Handwerk legen wollte, als er sie mit allen ihm zur Verfügung stehenden Mitteln der Intrige von Eckermann fernhielt, so daß sich der Brautstand der Liebesleute über mehr als dreizehn Jahre hinzog. Sie hat ihn trotz allem gekriegt, zum Leidwesen des Dichters, der seinen Eckermann für sich allein haben wollte. Er nahm von der Braut nicht die mindeste Notiz, wie aus den Gesprächen zu entnehmen ist, verstand es aber, wie die Aufzeichnungen der Bertramschen zeigen, sich mit ihr auf's inniglichste einzulassen. Während Eckermann sich den Vögeln widmete, nahm sich Goethe dieses lieben Vögelchens an.

Die Chronologie ist auch bei Johanne Bertram bejammernswert; sie bringt Lebendige und Tote durcheinander, was teils auf Unbildung beruht, zum anderen ein Selbstschutz sein kann. Stilistisch verfällt sie in den Tonfall ihres Bräutigams, wie dieser selbst sich Goethesche Formulierungen zu eigen gemacht hat. Hat Johanne Rache geübt am Auserkorenen, von dem sie wußte, daß er der heimlichen Liebe pflag zu verschiedenen Frauenzimmern, der Genferin Espérance Sylvestre zum Beispiel, die Erzieherin bei Hofe war, oder einer gewissen Auguste Kladzig, die in Weimar schauspielerte. Doch will ich nun nicht auch noch in müßige Fraubasereien verfallen und lieber Johanne selbst zu Wort kommen lassen, - das heißt, eine Bemerkung muß ich noch einflechten. Alle in den Bertramschen Aufzeichnungen genannten Tischpartner waren verschwiegen wie das Grab, denn man aß und trank gut bei Goethen, der die besten Bouteillen kommen ließ, - einzig der Kanzler von Müller trank nur Zuckerwasser, - doch damit will ich nichts zu tun haben, und somit hat Johanne das Wort:

Mittwoch, den 24. Mai 1824

Bei Goethen zu Tisch, wo jeder sich seiner freien Natur überließ, ohne indessen die Gesittung zu gefährden, und die Bratkartoffel wie von selbst das Gespräch auf die Urphänomene lenkte. Der Angebetete legte mir eigenhändig von dem Weimarer Schnittlauch vor, der damals gerade in aller Munde war, noch vom Duft des west-östlichen Schnittlauchs überhaucht. Auf Ersuchen Sylvestres zitierte Goethe selbst die berühmte Stelle, wobei er mich zweimal ansah (nicht einmal, wie es noch selbiger Stunde von Neidern herumgeboten wurde; die scherten mich nicht, ich bin meines Wölfchens sicher!) und machte er so den Tag zu einem der glücklichsten meines Lebens. Wenn ich nun hier die Verse folgen lasse, so weiß ich mich doch unvermöge, ihnen jene vegetabilistische Versalität von Goethes Stimme mitzugeben, die ein jeglich von ihm vorgebrachtes Wort zum orphischen Urwort überhöhte.

Nimmer will ich dich verlieren,
Schnittlauch, hebe meinen Geist!
Mögest meine Schüssel zieren,
Aus der Schiller schon gespeist.

Ach, was ist die feine Küche
Ohne deiner Stengel Duft!
Selbst Suleikas Wohlgerüche
Füllen so nicht Weimars Luft.

Volle sechs Minuten herrschte Schweigen. Wer nicht in seinen Teller blickte, und niemand blickte hinein, schaute Goethen in sein wundervolles Auge. Ein junger Steiermärker, Tages zuvor mit der einzigen Empfehlung seiner Hirschledernen bei Hofe angekommen, um dem Herrn Rat einen Pichlerhut mit Gemsbart eigener Strecke in die Stirn zu drücken als Ausdruck des Dankes für des Olympiers völkerversöhnendes Interesse an den Watschentänzen seiner Heimat, jauchzte erschüttert auf, und das Jodeln brach den Bann.

Es war überdem schon spät geworden, und Goethe bat mich, die Tagel aufzuheben. Dann erhob er sich selbst. Im Weggehen sagte er noch: „Der Schnittlauch ist eine deutsche Speise, aber die Deutschen sind dessen nicht allzeit eindächtig. Sie zerstückeln alles in ihrer anbrüchigen Sucht, das Große nach dem Gesetz des geforderten Wechsels auch im Kleinen zu erkennen, wo ich selbst zeitlebens bemüht bin, auch im Kleinsten groß zu sein. So erniedrigen sie alles. Und wären sie auch ständig der Herderschen Maxime gewärtig, daß, wo der Schnittlauch aufhört, der Knoblauch beginnt, es stände besser um unseren deutschen Sauerteig." Während er dies sagte, ließ er mir seine liebe Hand, die ich heiß zu küssen mich vermaß. Sanft zog er mich in das Zimmer der Juno Ludovisi, wo wir noch lange der Vertraulichkeit pflegten, und er mich teilhaben ließ an seinem Stirb und Werde. Dabei ruhte seine Linke in meinem Mieder.

Freitag, den 18. September 18...

Nach Mittags auf einen Sprung zu Ihm. Er war beseeligt und zeigte Affekt, denn so sehr er die Frauenzimmer mochte, mich mochte er mehr, wiewohl ich weiß, daß er gegen mich intrigiert; indessen, er fand die weniger Unterrichteten duldsamer und füglicher im freien und bequemeren Umgang. Er bat mich für den Abend zu sich. „Komme sie auch", sagte er necksend, es möchte sonsten sich fügen, daß ich die Nacht allein bestehen muß."

Ich hatte kein Arg bei solchen Sprüchen, erkannte aber baldig den besonderen Sinn, als ich mich zur Tafel einfand. Außer Goethen war noch der Baron von Reutern da und Wildbannförster Hundeshagen. Niemand sonst? Ein betretenes Schweigen herrschte, als ich, ein Diener war noch mit dem Lichtanzünden beschäftigt, das sogenannte Urbino Zimmer betrat, wo nur bei ungemeinen Anlässen gespeiset wurde. War ich wohl der Grund dieser Begünstigung? Mein Herz schlug sichtbar im Mieder und mußte ich schier den Busen drücken, seines Schlagens Herr zu sein. Doch galt die Aufmerksamkeit nicht mir, wie mir in Bälde bemerklich wurde.

Ein nackter schwarzer Mann trat aus dem angrenzenden Decken-Zimmer herzu, nur mit einer Tanga bekleidet, so daß ich aufschrie. Der Negermensch grinste und lehnte sich an eine hohe Lanze, das einzige Stück, das von seiner betörenden Leibesblöße den Blick hätte ablenken können, wäre die Haut nicht ebenso schauerlich glänzend gewesen. Es ward Goethen inne, daß eine Erklärung am Orte sei, und er sagte: „Dies, liebe Freunde, ist der große

Ssoba Giatassa vom unerforschten Oberlauf des Zaire. Herder hat ihn kommen lassen für seine ‚Stimmen der Völker‘, und ich hab' ihn mir ausgeliehen für meine Bildungsversuche am unverdorbenen Menschenkinde. Wenn sich die Geschicke mir gütig erweisen, mag ich wohl einen Blick tun können in die Weltseele vor der Erschaffung der weißen Rasse, an deren Determinabilität wir kranken."

Es ergriff mich wundersam, wie Er so ohne Furcht neben dem Ungeheuer stand. Ich fragte leise, ob das Scheusal unsere Rede verstünde. „Nein“, sagte Goethe, „unserer Sprache ist er nicht mächtig, und wir nicht der seinigen. Das schafft das reine Verhältnis und den höheren Standpunkt. Nachher wird er uns etwas singen.“

Nun begriff ich, daß der Kreis so gelichtet war. Wir gingen zu Tisch, wo auch der schwarze Gast ansaß, indes war ein Kuvert für selbigen nicht aufgelegt. Auf meine Frage bemerkte Goethe: „Leider huldigt unser Ssoba der das natürliche Gefühl empörenden Sitte, das Fleisch seiner Nebenmenschen zu verzehren. Solange er aber diesen Brauch hier nicht übt, ist mir sein Wesen noch mehr der Betrachtung wert. Wir müssen uns an allem bilden und den Austausch haben mit allen Völkerschaften.“ Dabei nickte er dem Kannibalen huldreich zu. Dieser, ermuntert, schwang die Lanze, wobei mehrere etruskische Tränenkrüglein und andere wertvolle Gipsereien in Trümmer gingen; auch stieß er gurgelnde Laute aus. Wir alle erschraken sehr. Dann verließ er das Zimmer. Nur der starke Wildgeruch blieb in der Luft.

„Es wildenzt nun stark in den Raumgelassen“, sagte Goethe, und er bat Stadelmann, ein paar mehr der Wachslichter anzuzünden, den Urwaldbrodem zu katalysieren, dann fuhr er fort: „Nun schleicht er sich ins Weimarer Holz, suchend, wen er verschlinge. Der gesittete Kreis meines Hauses hat indes vermocht, daß er bei Tisch seine Gier gezügelt hat. Schließlich muß er ja auch etwas zu sich nehmen. Daß er's nicht zu üppig treibe, dafür wird

Hundeshagen jetzt die Flinte schultern. Solche Disproportionen der Mächte unserer Natur müssen wir überwinden. Ich glaube trotz allem an die schwarze Seele."

Dieser Hinweis auf die Mordwaffe löste erneut ein tiefes Schweigen aus, indem alle auf den Olympier blickten, von dem es hieß, daß er keiner Fliege ein Leides antun könne. Nicht ohne geringe Apprehension bat einer der Bewirteten, ein junger englischer Pferdekenner, den Goethe gerne zu einem Gesprächsel lud, ob er sich einer Frage erdreisten könne, worauf ihm zustimmende Antwort zuteil ward.

„Wenn Ew. Excellenz der Großherzoglich Weimarsche Minister und Geheime Rat mir eine Bemerkung erlauben, möchte ich sagen dürfen, daß es mich befremdet, den vortrefflichen Wildbannförster nun auf der Pirsch von Ew. Gnaden hochwohllöblichem Gast aus dem schwarzen Erdteil zu sehen? Tötet er dann nicht einen Menschen in Ew. Excellenz höherem Auftrag?"

Aller Blicke waren mit bangem Staunen auf das Genie gerichtet, das aber ob der Frage unbewogen blieb; vielmehr wartete es auf den zweiten Gang, – es waren Morcheln mit Fenchelsoße und etwas Wildpret – und benutzte die Pause zu entsprechenden Äußerungen: „Die vorsätzliche Tötung eines Menschen ist mir in der Seele zuwider, und unser Hundeshagen kennt meine Abneigung gegen jede Art von Mordgeschossen. Mag es dem Menschen immer natürlich sein, sich als Ziel der Schöpfung zu betrachten, so darf er sich doch nicht aller Dinge, der vegetabilischen und animalischen Welt bedienen, wie sehr ihm auch der Gaumen lechze nach einer üppigen Speise. Unserem schwarzen Freunde gelüstet es nun nach weißem Fleische, und er wird es auch erwischen, – aber dann plötzlich sieht er vor seinem vernebelten Blick die Flintbüchse des Wildbannförsters auf sich gerichtet, was ihm in seinem Tun die Hemmung auferlegt, die wir als Gesittung deuten und achten. Hinwieder sind in der Menschheitsgeschichte

Fälle des Sattsamen bekannt, wo der Anblick einer Mordwaffe genügt, den Mord selbst auszulösen, was damit zusammenhängt, daß der Mensch in seinem Schädel zwei unausgefüllte hohle Stellen hat, in denen noch als Atavismus das Viehische vorherrscht. Giatassa wird im Gehölze keinen Menschen schlagen als Ersatz für die Speise, der er sich hier am gesitteten Tische enthoben hat."

Überdem kam das erwähnte Gericht und alle sprachen dem zu, was der Tischdiener vorlegte.

Da aber unsere Liebe allen eine Heimlichkeit war, pflegte Goethe mich bei Tafel zuweilen mit seinen göttlichen Füßen anzurühren. Ein solches Begegnen unter dem Tische geschah auch, als der schreckliche Fresser in unheimlicher Enthaltsamkeit noch ansaß, und ich schauderte beim Gedanken, es könne die schwarze Zehe des Wilden sein. Doch war's diesmal nur Goethes Pudel gewesen, der unterm Tische schnupperte und dann sein Bein am Bein des wüsten Fremdlings hob.

Sonnabend, den 3. August 1823

Mit ihm in der neuen Kutsche vor die Stadt gefahren, wo er sich mit dem herzoglichen Ziegenhalter von Knebel traf, dem Wiederentdecker der etruskischen Springschürze. Man unterhielt sich über das große Geißensterben im Wallis, das die Kanzleien der europäischen Höfe noch stark in Beschäftigung hielt. Goethe schenkte dem rätselhaften Geschehen nicht minder seine volle Aufmerkung, was unserer Liebehingebenheit um ein weniges abträglich war. Aus der beiden Konversation entnahm mein schlichter Sinn, daß Goethe gute Gründe habe, die Frage nach der Heimat der Urpflanze zu klären.

Des Abends waren viele Gäste in den Zimmern, und bald drängte sich alles um Goethe, des Behufes, an dessen redekünstlichen Äußerungen Anteil zu haben. Abermal war die Ziegenpest Gegenstand der Erörterung. „Ich habe mich heute wieder", hub Goethe an, „in die Stiche von Urs Graf dem Jüngeren vertieft, wo vor allem das Blatt ‚Die Ziege und der Tod' mir eine Angelegenheit tiefer Beschauung bleibt. Nie kann ich dieser Ziege ins Auge blicken, ohne daß mich Göttliches anwandelt. Und denken zu müssen, daß die schweizerständige Spezies nun den Tod in großem Maßstabe an sich erfährt, das legt Bitternis auf mein Gemüt."

Auf die Frage von Hofrat Voigt aus Jena, ob man der Seuche keinen Abbruch tun könne, indem man die Ziegen zwänge, von ihrer vegetarischen Lebensweise abzustehen, weil sie wohl am Kräutergenusse eingingen, meinte Goethe: „Lassen wir sie noch ein wenig pflanzlich sich ernähren, dann fördern sie unsere morphologische Wissenschaft, allwohl um hohen Preis. Denn ich meine sagen zu dürfen, daß sie vom Urblatt gefressen, und dieses dann im Wallis bodenständig ist, mit allem Gift, wie es der Urpflanze eignet."

Da ich Goethen so voll forschenden Eifers sah für die gute Sache, und die fortgeschrittene Stunde doch für ein kleines Getändel wenig schicklich erschien, bat ich ihn, noch mehr über sein Verhältnis zur Helvetischen Nation zu äußern. Die Gräfin Karoline von Egloffstein wie auch das Fräulein von Froriep unterstützten meine Bitte, und so tat er es gerne. „Die Eidgenossen", sagte er, „sind mir lieber, als es in meinen Schriften zum Ausdruck kommt. Seit meiner zweiten Besteigung des Säntis, und der starken Zuneigung, die ich zum Vreneli Zuppinger auf der Megglisalpe gefaßt, erkenne ich in dem emsigen Völkchen die große Gesetzlichkeit alles Irdischen, die sich auch am Käselab erfüllen kann. Und da mag mir denn hier eine Indiskretion von der Seele: So wie es nämlich die Urphänomene gibt, Ur-Blatt, Ur-Laub und selbst Ur-Faust, so hat auch jedes literarische Erzeugnis seine Ur-Fassung, gleichsam die vorseiende Form des später zu Überliefernden, das uns berühmt macht. Mignons Heimweh, welches der Alte dem Freunde zum Abendopfer bringt, war urtümlich mein großes schweizer Erlebnis. Höfische Intrigen und ein Zugeben an mein herzogliches Ambt haben bewirkt, daß ich's ändern konnte. Doch dahier im Busen", Goethe legte seine Hand auf den Herzfleck, „lautet es noch allewege anders."

Nach dieser Rede drängte jedermann in Goethen, die frühe Fassung kund zu geben und er hub an:

Kennst du das Land, wo Ziegen barfuß gehn?
Die Alphornbläser durch die Röhre sehn;
Das Loch im Käse dunkel ahnend klafft
Und jeder emsig für die Franken schafft?
Kennst du es nicht?

Dann wird es höchste Zeit!
Der Franken steigt, komm, mache dich bereit!

Kennst du die Alp? Das Rind sucht dort sein Heil.
Der Senner bietet Ansichtskarten feil,
Und Sennerinnen stehn und sehn dich an:
Was zauderst du noch, schöner fremder Mann?
Kennst du sie nicht?

Dann schnüre deinen Bund.
Am Eidgenusse wird dein Herz gesund.

Kennst du den Firn und seine Wolkenwelt?
Das Edelweiß ist dort wie bares Geld.
So mancher, der es suchte, stürzte ab
und fand im Spalt sein teures Schweizergrab.
Kennst du ihn wohl?

Dahin, dahin
will ich mit meinem letzten Thaler ziehn.

Mein Name ist Hase

(Wie Redensarten entstehen können)

Es war einmal ein Hase, der taugte zu nichts, ohne daß er gleich ein Nichtstaug gewesen wäre, im Sinne jener abgerichteten Tagediebe, denen der Volksmund gerne den Galgenstrick anhängt, wenn es sich um Menschen handelt.

Kam beispielsweise die Zeit, da alle Tiere seiner Gattung der Nahrung nachgingen, dann saß er geduckt in seinem Lager und schlief. Wenn sämtliche Artgenossen sich um Geschäfte bekümmerten, wie die Selbsterhaltung sie erfordert, und es wollte des Kreislaufens und Kugelschlagens kein Ende sein; ja man so hart zu Werke ging, daß manch eine Häsin Wolle lassen mußte, und allzu verwegene Rammler gar tot auf den Brunstplätzen verblieben; dann hoppelte unser Löffelmann im Weichbilde seiner Sasse umher und machte der Welt ein Männchen ums andere. Darf es da wundernehmen, daß Mensch und Tier sich fragten, wie der Krumme es anstellte, überhaupt noch am Leben zu bleiben, ohne auch nur einen Kohlstrunk anzuknabbern? Für das Fortbestehen des Geschlechtes kamen schließlich andere auf, wiewohl Keuschheit einem Hasen schlecht münzt und der hier in Rede stehende obendrein der Sprache mit seiner Enthaltsamkeit ein Schnippchen schlägt.

Niemand, sage ich, hat ihn je fressen sehen; keiner trat auf und erklärte, hier, ich habe diesen Löffelmann und frommen Hoppelbold auf einem heimlichen Äsgang getroffen. Und wer sah ihn Wasser schöpfen, den Tau aus einem Kohlblatt lechzen oder einen Schlurf tun aus einer Ackerpfütze? So blieb es nicht aus, daß die Legende sich des Meisters Lampe bemächtigte und alles ein langes und breites um dieses Tier ausspann, was an Sagenhaftem seit

Menschen- und Tiergedenken nicht schon festgelegt war. Statt daß er feige sei, wie die Art es will, dichtete die Legende ihm Mut an, und Heldenstärke; sie verwickelte ihn in Händel mit anderen Tieren, aus denen er selbstverständlich als Sieger hervorging, das Kohlblatt des Ruhmes um die Ohren. Und wer nun glaubt, er hätte diesen Lorbeer wenigstens aufgefressen, der täuscht sich arg, sowohl in unserem Löffelmann als auch in der zielbewußten Kraft der Legende selbst. Das Blatt verkohlte unter der Sonne des ständig anwachsenden Ruhmes auf seinem glanzumdichteten Haupt, woraus sich die Bezeichnung Kohlkopf herzuleiten scheint.

Seine Schnelligkeit, von niemandem auch nur für eines Atems Dauer angezweifelt, wurde noch größer dargestellt. Vergleiche mit Wiesel und dem abgerichteten Windspiel blieben zurück, es hieß kurzerhand, er schieße dahin wie ein Pfeil, was freilich ein schlechtes Bild ist. Denn einwandfrei steht fest, daß aller Hasen Art zu laufen darin besteht, Haken zu schlagen, weshalb man ihre Laufbahn niemals gerade bestimmen kann.

Doch um all das, was jedem Jäger und Heger heilig ist, kümmerte sich die Legende nicht, die ja auch ganz anderen Aufgaben gegenübersteht. Ja, sie ging noch weiter und dichtete dem Krummen eine über das bekannte Klagen weit hinausgehende Stimme an, ein Hasensagen schlechthin, das durch kein fiependes Blatt nachgeahmt werden konnte.

Der Hase selbst, stumm wie er im Grunde geschaffen, wußte nicht, daß die Augen der Welt auf ihn gerichtet waren. Er saß weiterhin in seiner Feldsasse und schlief, hoppelte weiterhin seinen Widergang durch die Flur; ließ fürder jeden Kohlkopf ungefressen und jede Zeugungsstunde unter dem Mond ungenutzt verstreichen. Er rammelte nicht, mit Verlaub; ums Verrecken nicht, wie das in der Menschensprache heißt, die damit klar zum Ausdruck bringt, daß tatsächlich zum Tode verdammt ist, wer um dieser Tätigkeitsform willen nicht tut, was die Sprache ihm vorschreibt.

Mit einem aber wußte die allwissende Legende nichts anzufangen, nämlich mit der verstockten Fraßlosigkeit unseres Hasen. Die Frage, wie er denn am Leben bleibe, ohne sich im geringsten mit etwas zu atzen, diese Kern- und Urfrage allen tierischen Lebens überhaupt, hier wurde sie nicht einmal aufgeworfen, zu geschweigen, daß sie eine Antwort bereit gehabt hätte. Das ist ein sehr merkwürdiges Verhalten der Legende, die sich ja von Lesen herschreibt; merkwürdig an sich und in diesem besonders aufregenden Falle unseres Löffelmanns. Sie, die Legende, hätte dem Hasen doch einen Zauber andichten können, einen von den tausend, wie sie in jedem Handbuch des Aberglaubens zu finden sind, und das auf die Gefahr hin, zur Sage zu entarten: Heinzelhäschen etwa, die dem Krummen tags, wenn er in seinem Lager hockte und schlief, mit Hilfe feiner Grashälmchen nährende Klistiere verabreichten, wie das bei berühmten Hungerkünstlern unter dem Menschenvolk allgemein der Brauch ist. Sie hätte ihn sich nähren lassen können vom Tau der Nächte, dieser dichterischen Speise, die ihm einfach in den Mund perlt; denn es ist weidlich bekannt, daß die Hasen nicht nur mit offenen Augen schlafen, sondern auch mit klaffendem Rachen, was anatomisch mit der nach ihnen benannten Scharte zusammenhängen mag.

So blieb Lampe weiterhin am Leben, von groß und klein bestaunt; von diesem angezweifelt, von jenem beargwöhnt; doch beneidet weitum von Mensch und Tier, deren einige es ihm gleichtun wollten. Treten Hungerkünstler auf, so machen sie immer Schule, wie nicht anders die Stifter von Religionen, Malweisen oder Diktatoren. Indessen, sie alle gingen elend zugrunde, wenn es ihnen nicht gelang, sich kurz vor der Sterbestunde noch durch ein geeignetes Nahrungsmittel aufzufangen.

Nun geschah es, daß eine Dürre über das Land kam, wo der untauglich-lebenstaugliche Hase seine Gemarkung hatte. Der Sommer ließ sich warm und schön an, es war nichts Ungewöhnliches in diesem Strich. Mensch und Tier freute sich der gut durchheizten Natur. Tiere, die man sonst nie sah, kamen aus ihren Höhlen zum Vorschein, wogegen andere, wie der auf Feuchtigkeit bedachte Salamander, sich nicht mehr blicken ließen. Lästiges Insektengeschmeiß wurde zur Plage, und auch der Mensch wandelte sein Tun und Lassen und paßte sich der Hitzewelle an, die jetzt brandete. Wer es eben konnte, ging nackend umher; wem eigene Scham oder fremde Polizei es untersagte, kleidete sich so dürftig, wie es eben anging. Die Welt war eine große Sauna geworden.

Als aber der Sommer mit steigender Sonne immer brenzlicher wurde, begannen allerlei Geschöpfe der Natur zu kränkeln; es fing bei den saftigsten Pflanzen an, sie welkten dahin; so daß manchem Tier, das von Hause aus mit einer vegetarischen Lebensweise begabt ist, das Futter ausging. Hasen und Kaninchen, wie auch Rehe und ähnlich wiederkäuende Äser, griffen die Rinde von Bäumen und Sträuchern an, was sie sonst nur zur harten Winterzeit tun, wenn ihnen der Hegemeister die Raufe nicht füllt. Dann begann auch den Rinden der Saft zu ermangeln, und sie borkten ab wie Scheite, die schon jahrelang im Schuppen geschichtet liegen.

Die fleischfressenden Tiere hatten es da wohl am besten; sie erwischten noch ihren Wurm, ihre Maus, schlugen die Geiß, die freilich mager war, oder sie raubten, wie der Adler, einen wohlgenährten Säugling von einer unbewachten Alp. Doch auch das hatte seine Zeit. Leidet die Natur an einem Mangel durch Überschuß, dann kümmert über kurz oder lang alle Kreatur. Der Regenwurm dringt in feuchtere Tiefen ein, wo es sie gibt, und beut sich nicht mehr der Amsel, dem Igel oder einem Raubkäfer zum Göttermahl, verendet freilich auch selbst aus Mangel an

Humusvitamin. Die Milbe vertrocknet, als wäre sie bestäubt worden mit einem der chemischen Pollenmittel, die des Menschen ganzer Stolz sind. Alle Schmarotzer, mit einem Wort, magern ab, und wer ist keiner? Denn es herrscht Hungersnot für alle, die es nicht verstehen, mit synthetischen Erzeugnissen ihr Dasein zu fristen. Solches freilich vermag nur der Mensch, und auch das nur in einem sehr beschränkten Verhältnis. Denn im Grunde genommen gibt es keine künstliche Übervorteilung der Natur.

Unser Hase aber, Meister Lampe, Löffelmann, Hoppelbold und Schläfelkunde, was ist mit dem? So fragt man sich, und so fragte man schließlich auch den Beregten selbst: Wie stellst du es an, ohne den nächtlichen Äsgang, den du, wir wissen es längst, nicht übst; wie machst du es, ohne Nahrung nicht einzugehen; daß dein Balg aus Mangel an sogenannten Vitaminen nicht struppig wird; daß du nicht einsackst im Gescheide; fährst immer schmuck und mit fein geschlichtetem Haar ins Lager; und wie spiegelblank ist deine Blume, deines Hinterleibes Floskel, dein berühmtes Panier, nach dem sich manch ein fliehender Zweibeiner die Finger lecken würde; kurz – wie hältst du dich ohne zu fressen so vorzüglich im Futterzustand?

Meister Lampe schwieg, was ihn bald in den Ruf eines Mystikers brachte, der, geschlossenen Auges und Munds, die unio mystica zwar schon erreicht hat, doch noch nicht gefunden zum Wort. Kein Sterbenswörtchen nämlich ließ er verlauten über das Wunder, das täglich neu sich an ihm erfüllte und das zur Rettung eines ganzen Landes hätte beitragen können. Wußte er über sich selbst etwa nicht Bescheid? Argwöhnte er, und dann mit Recht, daß ein Offenbaren seines Geheimnisses anderen Tieren und selbst dem Menschen zu einer ähnlich überspannten Daseinsweise verhelfe, und er wäre dann der einzige nicht mehr in dieser Kunst, keiner Legende würdig, von keinem verehrt und niemandem ein Gegenstand emsigen Forschens? Wir wissen nicht, was in dem winzigen Hasenhirn vor sich ging; wissen nicht, ob er sich seines hungerkünstlerischen Daseins bewußt war; ja es wäre die Frage zu stellen, ob Löffelmann überhaupt merkte, daß mit ihm und um ihn herum etwas nicht stimmte in der alten Natur.

Er gedieh ansehnlich, lungerte weiter zu Holze, machte den Schelm und Schalksnarren, weigerte sich fernerhin, auf den Tanzplätzen der Brunst sich den Salzhasen für einen Sprung untertan zu machen; putzte sich, machte seine Männchen und Kegel, ganz wie es sonst die Art eines nicht aus der Art geschlagenen Hasen ist.

War er glücklich dabei? Hatte er eine Losung? Wie gesagt, wir wissen das alles nicht, oder besser, ich weiß es nicht.

Doch geht der Krug so lange zu Wasser, bis er bricht. Hier in der Geschichte vom untauglichen Krummen brachte ein Wolkenbruch die große Wandlung.

Die Erde saugte sich erst einmal voll Wasser; tagelang goß es, es dampfte aus jeder Furche, und als die ersten Salamander und die ewigen Regenwürmer wieder ans Licht kamen, wie lichtscheu sie sonst sind, hatte die Natur sich wieder so weit in der Gewalt, daß sie kalendermäßig fortschreiten konnte. Sie tat, als sei nichts Arges geschehen; grünte wieder auf für den Rest der Jahreszeit, und alles war, wie es oft in Büchern heißt, eitel Sonnenschein. Ungezählt aber die Tiere, die inzwischen aus dem Leben geschieden waren; und wie sie vermoderten, dienten sie wieder anderen Tieren zum nährenden Aas.

Da ließ die Neugier von unserem Hasen ab. Ein jeglicher fand sein eigenes Naturgeschehen viel wichtiger; manches zudem galt es aufzuholen, und so jammerte niemand mehr dem Verlorenen nach. Jedes Diluvium hinterläßt seine Ablagerungen, deckt alte Legenden zu und erschafft neue. Hierin liegt das Schöpferische aller großen Fluten.

Was Wunder, daß es auch keinen mehr bekümmerte, wie sich der hagestolze Wipars im Futter gehalten hat, ohne jemals etwas zu knabbern, ja auch nur den leidigen Fragen der Beköstigung den Schein eines Gedankens zu leihen, wo, unter uns gesagt, ein Tier das Interesse aller hätte wachhalten sollen, das sich im Zustande der heute viel erörterten vegetativen Stigmatisation befand. Ihr fragt, und mit Recht; und mit Recht, liebe Leute, kann ich euren Wissensdurst nicht befriedigen: ich weiß es ja auch nicht, wie das alles zusammenhängt und was alles das zu bedeuten hat. Der Hase hat mich nicht in sein Vertrauen gezogen, und selbst bin ich zuwenig über solche tiefentierische Verrichtungen aufgeklärt, als daß ich Löffelmanns Schizophrenie deuten könnte.

Das einzige, was ich als Moral aus dieser Geschichte anführen kann, ist rein philologischer Art. Die stehende Redensweise nämlich: „Mein Name ist Hase, ich weiß von nichts" geht, das steht für mich unumstößlich fest, auf den hier vorgeführten Lepus timidus zurück, und nicht auf jenen gelehrten Heidelberger Studenten namens Victor Hase, von dem die Sprachwissenschaft ehedem soviel Aufhebens gemacht hat.

Werner Jung

Eine andere unendliche Geschichte

Unmaßgebliches Nachwort

Ich erinnere mich noch gut an jenen Deutschlehrer aus der Mittelstufe des Gymnasiums, der in Mußestunden vor den Ferien ins Schwärmen über literarische Außenseiter geriet. Einer, an dem er einen Narren gefressen hatte: Albert Vigoleis Thelen. Das Buch, das er dabei immer im Munde führte: „Die Insel des zweiten Gesichts". Irgendwann später dann entdeckte der Schüler in einer Ramschkiste jenes Buch als zweibändige DTV-Kassette, kam aber über verschiedene Lektüreanläufe nicht hinaus. Allein schon diese merkwürdige Sprache, so verquer zu allem, was er bis dahin kannte und schätzte, Siegfried Lenz, Martin Walser oder Dieter Wellershoff. Und dann die Geschichte selbst, die schier nicht weiterzugehen schien, sich immer wieder verhedderte und verzettelte. Abgelegt und weggestellt.

Erst der Germanistikstudent entdeckte den dickleibigen Schinken wieder - wiederum unter maßgeblicher Beteiligung anderer, Kommilitonen vom linken Niederrhein, aus Thelens Heimat, die in überschwengliches Lob ausbrachen. Da mußte also der junge Student, armiert durch die Anfangsgründe seiner Wissenschaft und vertrauter nun mit deren Begrifflichkeit, erneut ans Werk. Und plötzlich funkte es, so stark, daß der junge Germanist beschloß, einen Artikel über Albert Vigoleis Thelen für das „Kritische Lexikon deutschsprachiger Gegenwartsliteratur" (kurz: KLG) zu schreiben. Gesagt, getan. Doch das ist nun auch schon wieder einige Jahre her.

Während der Arbeit an dem Artikel nahm ich Kontakt zu den Thelens auf, schickte ihnen den fertigen Text und wartete gespannt auf Antwort, die dann auch prompt kam und den Verfasser höchst erfreute. „Ich habe ihre arbeit 2mal sorgfältig gelesen, und finde den tenor ihrer einsicht in mein schaffen sehr annehmbar; vor allem freut es mich, daß Sie sich nicht in faule spekulationen einlassen über das wesen des spanischen schelmenromans, der mit der landläufigen deutschen picardie nichts zu tun hat. ich betone das hin und wieder, vor allem in der Insel. da ist viel unsinn geschrieben worden in den besprechungen, was andere wieder übernommen haben und was einen rattenkönig von fehlinterpretationen ergeben hat, – teils zum rühmlichen vorteil des autors, teils zum verriss. Daß sie über ihre erfahrungen mit meinen büchern schreiben und nicht über diese zu gericht sitzen, ist eben so schön, wie gescheit." Doch dann spart Thelen im folgenden nicht mit Kritik. Hatte ich in meinem Artikel mit Bezug auf ein Zitat aus Thelens zweitem Buch „Der schwarze Herr Bahßetup", worin es heißt: jemandem, „wie ich es zu tun liebe, ein ganzes Leben" anzudichten, geschrieben, daß dieses Verfahren maßgeblich für Thelens Schreibstil, ja für seine ganze Lebens- und Weltanschauung sei, so antwortete mir darauf Thelen: „ich dichte leuten, denen ich zufällig begegne, und die mich interessieren, ob ihrer erscheinung ihres gebarens, eines wortes, das ich aufschnappe, tatsächlich ein leben an, – in gedanken beschäftige ich mich mit ihnen, – und möchte gerne alles von ihnen wissen, das habe ich als kind schon so getan. Sie übertragen diese (krankhafte?) neugier nun auf die gestalten meiner bücher; was durchaus nicht angeht, denn da bleibe ich bei dem, was diese figuranten als meine figuranten mir, sage ich's rundheraus: andichten, da ist kein tippelchen von mir als zutat beigegeben; – und wenn ich doch einen kleks dem bild hinzufüge, dann wird es, ob auch versteckt, immer angedeutet."

Das trifft ins Zentrum nicht nur der Insel, sondern von Thelens Schreiben insgesamt. Was sind diese Texte?

Memoiren, Autobiographien, Romane? Für alles gäbe es gute Gründe; Selbsterlebtes behandeln sie allemal. Doch auch „Selberlebensbeschreibung“? Dagegen sprechen die poetischen Verfahrensweisen, die Thelen - Beatrice möge mir verzeihen! - dem humoristischen Roman, insbesondere Jean Paul, abgesehen sind. Aber gegen die geradlinige Einreihung Thelens in die Tradition des humoristischen Romans spricht wiederum der autobiographische Anlaß. Wie Thelens Insel zu deuten sei, darüber hat jüngst erst Jürgen Pütz ein ebenso kluges wie einfühlsames Buch geschrieben: „Doppelgänger seiner selbst“ (Wiesbaden 1990).

Autobiographie hin, Roman her - Thelen selbst hat die glücklichste Formulierung für seine Texte gefunden. Es sind „angewandte Erinnerungen“, wie es im Untertitel der Insel heißt - Texte aus dem und über den Erlebensschatz von Vigoleis und Beatrice, Nachrichten von den „Irrsinnsbilgen der Zeit“, zahllose Erzählungen über das Welttheater und Pandämonium Germanicum darin. Alles in allem: ein unendlicher Text, eine einzige große Erzählung.

Das verbindet dann auch nahtlos Thelens ‚kleinere‘ Prosatexte mit dem Hauptwerk, die Fluchtgeschichten „Der Hirtenbrief“, „Grenzstein der Freiheit“, „Die Gottlosigkeit Gottes“, die man wohl als Kapitel einer von Thelen in Aussicht gestellten (jedoch nie realisierten) Fortsetzung der Insel unter dem Titel „Die geweiste Flucht“ ansprechen darf, mit den launigen Einfällen und Ausfällen wie etwa „Mein Name ist Hase“, schließlich mit der Parodie „Goethes Gespräche mit Frau Eckermann“ - eben „poetische Märzkälbereien“ eines Oberschelms und Erzweltschmerzlers zugleich.

Texte, die Lust auf eine neuerliche (oder auch erste) Lektüre der großen Bücher „Die Insel des zweiten Gesichts“ und „Der schwarze Herr Bahßetup“ machen!

Textnachweise

Albert Vigoleis Thelen. In: Neues Rheinland 35 (1964), August–September, S. 18

Der Hirtenbrief. In: Poesie (Basel) (1979) H. 3, S. 3–43

Grenzstein der Freiheit. In: Maatstaf (Amsterdam) (1975) August/September-Heft, S. 59–69, Oktober-Heft, S. 11–17

Die Gottlosigkeit Gottes oder Das Gesicht der Zweiten Insel. In: Poesie (Basel) (1974) H. 2, S. 15–22 (Die Fassung weicht zum Schluß von der in Poesie gedruckten ab und nimmt Ergänzungen auf, die Thelen in einem Interview mit Hans Schwab-Felisch 1973 angehängt hat.)

Tabakpanik. In: JUNI (Viersen) 2 (1988) H. 3, S. 16–24 (Erstveröffentlichung des Textes unter dem Titel „Des Dichters Schutzengel“ in: Der Monat (1955) H. 81, S. 229–235. Wir drucken die von Thelen überarbeitete und leicht geänderte Fassung.)

Lobsame Handelsbalz. In: Merian (1959) H. 10, S. 33–36

In der Casa Rocca Vispa. In: Südwest-Merkur (Stuttgart) vom 21. 12. 1956

Bücher soll man an die Kette legen. In: Badische Neuste Nachrichten (Karlsruhe) vom 18. 9. 1965

Beatrice. In: Nenne deinen lieben Namen, den du mir so lang verborgen. Schriftsteller über Vornamen. Hrsg. von Hanne Kulessa. Düsseldorf: Claassen 1986, S. 46–49

SOS Loch Palma. In: Der Herold. Deutsche Sonntagszeitung für Spanien (Palma de Mallorca), Nr. 33 vom 13.5.1935

Goethes Gespräche mit Frau Eckermann oder Die Eckerfraubasereien. Parodistische Spielerei, die ich nicht mehr weitergeführt habe. In: Berliner Hefte (1979) H. 14, S. 5–14

Mein Name ist Hase. Wie Redensarten entstehen können. In: Der Schweizerische Beobachter (Glattbrugg) (1982) H. 9, S. 74–83